DESPERTAR
EL DON BIPOLAR

Eduardo Horacio Grecco

DESPERTAR
EL DON BIPOLAR

UN CAMINO HACIA
LA CURACIÓN DE LA
INESTABILIDAD EMOCIONAL

Ediciones Continente

editorial Kairós

Numancia, 117-121
08029 Barcelona
www.editorialkairos.com

© 2004 by Eduardo Horacio Grecco
© de la edición española:
    2011 by Editorial Kairós, S.A.
    Numancia 117-121, 08029 Barcelona, España
    www.editorialkairos.com

Corrección: Susana Rabbufeti Pezzoni
Diseño de interior: Carlos Almar
Diseño cubierta: Emiliano Gómez Ventura

Primera edición: Enero 2012
Segunda edición: Febrero 2013

ISBN: 978-84-9988-032-7
Depósito legal: B-26.852/2011

Impresión y encuadernación: Romanyà-Valls. Verdaguer, 1. 08786 Capellades

Este libro ha sido impreso con papel certificado FSC, proviene de fuentes
respetuosas con la sociedad y el medio ambiente y cuenta con los requisitos necesarios
para ser considerado un "libro amigo de los bosques".

Nadie está exento de las turbulencias de la vida,
y en los lugares más bellos
abundan las tormentas y los sismos.
Lo mismo sucede en el mundo bipolar, pero a la inversa:
sólo se suele mirar el mal tiempo y pocas veces
la belleza y el encanto que lo envuelve.
Por eso este libro está dedicado
a los que ven no sólo espasmos
sino también gracia en las personas bipolares.

PRÓLOGO A LA
EDICIÓN ESPAÑOLA

Seguir los recorridos de la historia de la bipolaridad en el campo de las ciencias y artes terapéuticos es un laberinto difícil de resolver, pero muy común en la historia del padecimiento humano, donde florecen los equívocos, los textos contradictorios, las propuestas enfrentadas y los mensajes de desesperanza. Y en medio de todo esto la bipolaridad parece moverse al margen de la historia de la enfermedad, como si jugara a las escondidas con ella.

Su valor marginal de espacio poco comprendido es propio de su misma naturaleza. La bipolaridad cuestiona, de modo severo, los fundamentos de una práctica curativa que desconoce la raíz de su presencia en la vida de las personas y reduce su causa a factores biológicos.

Este libro pretende recuperar una mirada sobre la bipolaridad que continúa la propuesta de mi obra anterior, *La bipolaridad como don*, cuyo fundamento radica en considerar este trastorno como fruto de talentos que no desarrollamos, más que como defectos o disfunciones orgánicas, y apostar a la cura por medio de un cambio de vida substancial, más que a través de un control farmacológico.

El hecho de que este libro, publicado originariamente por Ediciones Continente en Buenos Aires (Argentina), en 2004, sea editado ahora en España es un indicador de que existe una clara conciencia de la necesidad de un cambio de perspectivas en el campo de la bipolaridad. Espero que el contenido de sus páginas siga contribu-yendo en esa dirección.

Eduardo H. Grecco

México D.F., enero de 2011

PRÓLOGO A LA PRIMERA EDICIÓN

La sabiduría de los nativos de Norteamérica nos enseña que cada animal tiene su medicina. Esta medicina es su virtud intrínseca, su poder personal, su don. Por ejemplo, según Jamie Sams la medicina del caballo es el poder físico y sobrenatural; la de la mariposa, la metamorfosis; la del murciélago, el renacimiento. En determinadas circunstancias, sobre todo en situaciones de crisis, podemos recurrir a la medicina de un animal en particular para despertar ese don especial en nosotros mismos que nos ayudará a transitar y resolver esa crisis. Esto es exactamente lo que Eduardo Grecco nos propone ya mismo desde el título de este libro: despertar el poder bipolar que yace dormido tras la sintomatología.

En mi libro *Terapia de Vidas Pasadas - Técnica y práctica*, afirmaba que el sentido de la TVP y de toda terapia al fin era transmutar nuestras neurosis en virtudes. Al momento de escribir esa frase no conocía aún a Eduardo. Años después supe que la lectura de Eduardo de aquel manuscrito fue decisiva para su publicación. En realidad debo decir que su intervención ha sido decisiva en mi desarrollo profesional. Hoy no puedo dejar de maravillarme cuando Eduardo habla de transmutar la oscilación en una virtud.

Aunque utilizamos distintas herramientas terapéuticas compartimos una idéntica actitud frente al ser doliente. No es ésta la única coincidencia; de las muchas que compartimos hay una en particular que lo resume todo: el concepto de enfermedad. Hace rato que he desechado este vocablo de mi lenguaje terapéutico. Para mí los dolores están en el alma y es el alma lo que hay que sanar. Para Eduardo la bipolaridad no es una enfermedad, es un modo de ser donde las conductas han sido mal encaminadas. Se me ocurre que esta forma de comprender la bipolaridad bien podría servirnos de paradigma para el abordaje terapéutico de otras condiciones psíquicas dolorosas.

Confieso que no tenía la menor idea de la existencia de la bipolaridad hasta que Eduardo me habló de ella. Aun así me llevó mucho tiempo comprender qué significaba ser bipolar. Recién cuando leí *La bipolaridad como don* comprendí cabalmente de qué se trataba.

Desde que lo conocí siempre he admirado en Eduardo su capacidad de acción, su capacidad creativa, su despliegue en distintos frentes al mismo tiempo y el amplio espectro de conocimientos, temas y experiencias que desarrolla en su prolífica obra. Siempre me intrigó cómo era posible que un hombre pudiera dominar aspectos del conocimiento y de la experiencia clínica tan variados y escribir con tanta facilidad y rapidez como él lo hace. Un ejemplo típico de esta capacidad fue cuando publicó *Lo no revelado de la novena revelación*. Yo apenas había leído el libro de James Redfield cuando Eduardo publicó *Lo no revelado...* Después de leer *La bipolaridad como don* me di cuenta de que, efectivamente, Eduardo ha desarrollado en todo su potencial su don bipolar.

Al decir esto no puedo evitar pensar en el paralelismo con los chamanes. Eduardo se pregunta cuál es el talento que no habrá desarrollado una persona para transformarse en bipolar. Es sabido que un chamán puede enfermarse gravemente e incluso morir si rechaza su destino de chamán y no hace lo que debe hacer. La sanación sobreviene casi inmediatamente cuando acepta y ejerce su poder sanador. Pareciera que éste es el camino del bipolar: reconocer, aceptar y desarrollar su don, su medicina personal.

Eduardo dice que uno es el agente de su propia curación en cualquier tratamiento. No importa la herramienta terapéutica que se utilice, si la conciencia no despierta y lucha por su salvación no hay muchas garantías de un resultado positivo. Morris Netherton, creador del término "Terapia de Vidas Pasadas", dice que como terapeutas no curamos a nadie: es el paciente que va a través del dolor y sale curado.

Personalmente siempre he considerado el trabajo con la regresión como un trabajo plutoniano y el rol del terapeuta más bien como la de un guía y acompañante. Cada uno debe descender o sumergirse en su propio Hades, su propio infierno —en el sentido mítico del vocablo "infierno"—, para sanar su alma. Como terapeuta he acompañado a cientos de personas a descender a su propio infierno en procura de su sanación, pero no he conocido a nadie que lo hiciera como Eduardo lo hizo. Cuando Eduardo afirma que sabe con el pensamiento, con el alma y con el cuerpo de qué habla, es verdad. Doy fe de que Eduardo ha descendido a lo más profundo de sus infiernos por sí mismo. Ha entrado en su propia oscuridad, ha abrazado a su sombra y ha regresado a la luz rescatando a su alma y conquistando su tesoro. Eduardo logró, finalmente, lo que Orfeo no pudo hacer con Eurídice.

Este libro es apenas una parte de ese inmenso tesoro que Eduardo ha conquistado para sí mismo y para sus semejantes. Ahora estoy convencido de que es posible despertar el poder bipolar, pero esta experiencia inevitablemente nos lleva más allá. Una persona bipolar bien puede ser un maestro que nos está enseñando un nuevo camino. Si el bipolar puede despertar su poder, ¿qué hay del poder personal de cada uno de nosotros? ¿Estamos preparados para despertar nuestro propio don? "Lo esencial es invisible a los ojos", decía *El Principito*. La persona bipolar bien podría ser un maestro que nos está enseñando un nuevo camino.

Dr. José Luis Cabouli

San Luis, Argentina, enero 2004

INTRODUCCIÓN A LA PRIMERA EDICIÓN

Desde su publicación, en octubre de 2003, *La bipolaridad como don* ha ocasionado un impacto totalmente inesperado que no deja de sorprenderme. Su repercusión tal vez se deba al mensaje esperanzador que trasmite y al hecho de que indica un camino posible a recorrer para transformar la inestabilidad emocional en una virtud. Como en muchas otras circunstancias, la esperanza, a condición de que no se dilate de un modo desmedido (*"La esperanza que se demora es tormento del corazón"*, Prov 13:12) resulta buena y hasta terapéutica, ya que —como lo ilustra el mito de Pandora— es remedio contra todo mal que parece insalvable, el último recurso que los dioses regalaron a los hombres para enfrentar sus problemas y, ciertamente, un don que, cuando está activo dentro de nosotros, produce milagros.

También, algunas personas han encontrado, en las páginas de mi trabajo anterior, explicación a sucesos y vivencias de su vida que nacían, de una forma compulsiva, en su conciencia, como una desga-

15

rradora sinrazón. Y el recobrar, aunque sea en parte, el sentido y la continuidad de la existencia no deja de ser una experiencia alentadora que todos anhelamos que nos acontezca y que, seguramente, motiva a establecer una conexión especial con el libro que la provoca.

De modo que, despertando comprensión y esperanza, *La bipolaridad como don* ha servido para ascender un peldaño más (aunque sea muy pequeño) en el proceso que conduce hacia un replanteo de las raíces, del sentido y del destino del malestar bipolar.

Si bien de una manera muy tímida aún, vemos que está surgiendo una nueva manera de comprender la bipolaridad. Esto no sucede como consecuencia de las investigaciones sobre este padecer, sino que está ligado a un cuestionamiento más amplio sobre el concepto de enfermar y, en especial, sobre la creencia que homologa el vivir con el sufrir y el ser con la infelicidad y la desdicha.

En la medida en que nos vamos liberando de tales patrones mentales dejamos atrás la idea de que hay que resignarse ante la enfermedad y aceptarla como un mal, para introducir otra concepción más generosa y justa sobre ella. La enfermedad, a pesar de todo lo que pueda desgarrarnos, no es un castigo, ni un desmérito, ni una condena, ni una desventura, sino una ayuda generosa en el proceso de aprendizaje de nuestra existencia. Es un camino que, cuando hemos tomado rumbos equivocados, nos lo señala, y por este medio, nos da la posibilidad de regresar al sendero correcto. Al igual que nuestros vínculos, la enfermedad ejerce un magisterio en nuestra historia y, por lo tanto, debemos aprender de ella y estar agradecidos por su presencia.

De modo que, si estas premisas se extendieran al tratamiento del paciente bipolar, se pondría mayor énfasis en que éste descubriera el significado de la bipolaridad en su vida, poblara de palabras el silencio de su malestar y descubriera el hecho de que su oscilación, exagerada y antagónica, es fruto de un talento no desarrollado, que en seguir insistiendo en que alcance la meta de la "estabilidad" a cualquier costo.

El bipolar no logra estar presente en el presente. El "ahora" es un concepto lejano e inaprensible para él. Del mismo modo, no puede introducir matices en su vida; todo es extremo, desmedido y adverso.

Tales circunstancias se deben a la falta de "eje interior" que padece todo bipolar; ahora bien, si él lograra construir ese eje, podría fundar puntos de referencia ciertos y expandirse y contraerse sin perder su centro. Esta ausencia de eje puede, también, plantearse como una carencia de contacto con su Ser, en la medida en que, en ese terreno, el bipolar desconoce quién es realmente y rellena esa ignorancia con fantasías omnipotentes o menoscabantes.

Sobre todo esto he hablado en *La bipolaridad como don*. Allí se insiste en la importancia del despliegue de la creatividad como herramienta esencial (junto a la construcción del eje interior y el desarrollo del don de los matices) para la cura de la bipolaridad. Y si bien en ese libro hay un capítulo dedicado a los tratamientos posibles, muchas personas que me escribieron preguntaban: *¿Cómo curar? ¿Qué más se puede hacer?*

De modo que, en este nuevo libro, presento un PLAN de VIDA, que pretendo que puedan seguir otras personas (lo pretendo con humildad pero también con firmeza a partir de mi propia experiencia como terapeuta y bipolar). Tengo la convicción de que cuando un paciente incorpora este plan y lo pone en práctica puede dejar atrás el antagonismo exagerado e incontenible de sus emociones, al cual se ha visto sujetado hasta ahora. Por lo tanto, ofrezco a consideración del lector esta convicción mía, pues tal como afirma Novalis, el gran poeta romántico alemán: *"No cabe duda de que cualquier convicción gana infinitamente en cuanto otra alma cree en ella"*.

Uno es el agente de su propia curación en cualquier tratamiento. Las técnicas sólo son instrumentos para alcanzarla. Si la conciencia no despierta y lucha por su salvación, no hay muchas garantías de resultados positivos. Es por eso que, aunque el lector podrá encontrar aquí diversas vías sanadoras, lo más importante de la propuesta reside en la capacidad que tengamos de avivar el fuego de nuestros propios curadores internos, ya que la bipolaridad no será derrotada por medios exteriores a la persona sino convocando la fuerza interior autocurativa que yace dormida dentro de ella.

Hay que tener presente que la mayoría de los bipolares son neuróticos y que sólo un porcentaje muy pequeño de ellos presenta un cuadro de personalidad psicótica, una pérdida de realidad masiva y constante. Es importante esta puntualización, ya que, cuando dejamos de considerar a las personas bipolares con criterios psiquiátricos usados para las psicosis, comenzamos a verlas desde otra perspectiva.

Además, esto nos permite incluir en nuestra reflexión todo un espectro de manifestaciones psicofísicas que tienen una alta conectividad con la bipolaridad o son formas encubiertas de tal padecer. Claro está que esto implica un pasaje de un criterio puramente nosológico de clasificación a una concepción más *estructural* de la bipolaridad. Este libro está fundado —además de en una perspectiva estructural— precisamente en el hecho de que *el enfoque terapéutico no debe olvidar que no son cuadros clínicos los abordados en un tratamiento sino personas singulares y únicas.*

Hay una cuestión más que he querido introducir y que es *el rol del terapeuta*, y cuál debiera ser —según mi entender y a partir de mi propia experiencia— su actitud ante un paciente bipolar y qué posición debiera asumir para contribuir a su cura. En esta dirección he querido revalorizar todo el trabajo psicoterapéutico, relacional y de desarrollo personal.

El terapeuta debiera aprender que, así como Buda alcanzó la iluminación sentado bajo un árbol, del mismo modo él debería ejercitarse en el sentarse, firmemente y sin balancearse, a escuchar al paciente sin prejuicios, sin ansias clasificatorias, sin anhelos de cura y sólo intentando comprender el sentido de la oscilación y el sufrimiento de la persona que tiene frente a él.

En el momento en que estoy terminando de escribir estas páginas observo cómo la noche se va apoderando del paisaje y crece en la costura por donde la luz del día se aleja hacia otros horizontes. Y en los miles de matices dibujados por la oscuridad, de formas cambiantes y plásticas —que, otras veces, he dejado pasar inadvertidos, pero hoy no—, me voy quedando suspendido a tal punto que mi pupila y mi conciencia parecen estar entrelazadas y me estoy volviendo uno con el anochecer...

Regreso, ahora, a mi escritorio y a los originales de este trabajo pero traigo conmigo la imagen de la equilibrada transición, recién contemplada en la Naturaleza y sentida con todo mí ser. Ella permanece vital en mi mente y genera una cascada de pensamientos y reflexiones.

De alguna manera misteriosa pero reveladora, en esa imagen de la tarde anocheciéndose, estaba plasmada una enseñanza para mí, que ahora quiero trasmitir en este libro y compartir con los lectores:

Balance, no estabilidad;
matices, no homogeneidad;
creatividad, no resignación;
plan de vida, no sólo tratamiento;
flexibilidad sin dispersión;
curadores internos, no dependencia exterior;
aceptación de ayuda, no de rescate.
Presencia en el presente,
apasionada serenidad.
Día y noche sucediéndose
incesante y pausadamente...

No tengo palabras para agradecer a los amigos de Ediciones Continente, que siempre hacen posible que mis sueños bipolares se conviertan en realidad, y también a todos los poetas y autores que convoqué para que me ayudaran a descorrer aún más el velo de la inestabilidad emocional y explorar sus secretos.

Eduardo H. Grecco

Cuernavaca, México, enero de 2004

Capítulo I

¿POR QUÉ OSCILAR ES TAN MALO?

Estos versos están fuera de mi ritmo.
Yo también estoy fuera de mi ritmo.

Fernando Pessoa

Vamos a entrar en el mundo del paciente bipolar. ¿Me acompañan? Conviene siempre tener presente, durante todo el recorrido, que en el bipolar se exagera un modo de funcionar universal que es inherente a la vida humana, del que todo disponemos: el antagonismo complementario de los opuestos.

Entre la oscilación inmoderada de la bipolaridad y la rigidez envarada de la esclerosis existe un *punto de equilibrio* posible que no se trata de una localización fija sino dinámica, de un punto que no es tanto un lugar preciso como un intervalo, una zona donde los antagonismos se hacen conciliables. En suma, una gama de matices.

Esto quiere decir que ser estático no se corresponde a una posibilidad sana de ser (cierto tipo excepcional de meditador, que permanece inmóvil por largos períodos y, sin embargo, es una persona muy saludable en todos los aspectos, precisamente por ser una *excepción*, una "*a*normalidad", confirma lo dicho antes). La estabilidad por sí misma no debiera ser un valor terapéutico a conquistar, pero sí el movimiento proporcionado, la armonía móvil, la solidez flexible, el arraigo sin estancamiento.

Si consideramos como el rasgo característico de la bipolaridad su inestable vaivén cíclico, el hecho de que quien la padece va y viene, de un modo más o menos irregular, de un polo a otro entre la alegría y la tristeza, conviene considerar que tal alternancia, para ser considerada disfuncional, tiene que ser desmesurada y excluyente, es decir, debe reflejar esa imposibilidad interna de la persona para integrar polaridades, su dificultad de aceptar y de vivir en plenitud la ambivalencia. Desde el blanco al negro hay una variada progresión de grises, y en esto consiste la dificultad bipolar: su incapacidad para detenerse en matices y gradientes emocionales.

Textura de la bipolaridad

Las presentaciones típicas de la bipolaridad se manifiestan bajo la apariencia alternada y excluyente de *depresión* y *manía*, pero existe un gran grupo de apariciones en donde ambas series emocionales son contemporáneas y superpuestas, y se las conoce como "formas mixtas".

Esta última posibilidad no constituye una rareza sino más bien una condición bastante frecuente en la clínica, pero la simultaneidad de síntomas no significa integración ambivalente. Así es como ocurre, por ejemplo, en la manía disfórica (manía depresiva) o en la depresión agitada. Por otra parte, varias investigaciones clínicas muestran que esta manifestación de la bipolaridad es más virulenta, más resistente al tratamiento, más grave en sus síntomas y con el índice más alto de riesgo de suicidio, y es, al mismo tiempo, la que esconde el mayor grado de creatividad.

Pero ya sea bajo una u otra apariencia, la bipolaridad comparte un semblante o textura común que podría resumirse de la siguiente manera:

Oscilación inestable del humor

Más allá del pasaje de un estado emocional a otro, existe una tendencia reluctante en este vaivén del humor a lo largo de la vida. Sin un motivo cierto, la persona salta de un pico al otro, y si esto puede observarse en lo puntual, al considerar la totalidad de su historia se aprecia que cada episodio forma parte de una cadena más abarcativa, de una serialidad repetitiva propia de la naturaleza bipolar.

Esta ciclicidad puede estar separada por mesetas, de aparente o real armonía, pero la posibilidad de caer en una fase de depresión o de manía está presente como una amenaza constante. De manera que la oscilación toma, aquí, la figura de algo recurrente pero impredecible. El día y la noche se suceden de un modo "estable"; en cambio, en el acontecer bipolar todo es incierto, cíclico e inestable. [*"Ya es franca desazón lo que antes era risa"* (Alfonso Reyes).]

Comportamiento irregular

Otro rasgo de las personas bipolares es la irregularidad y asimetría de sus conductas, que no siguen, generalmente, una línea directriz previsible, sino que van y vienen de acuerdo con el termómetro emocional interior, "al compás de las hormonas".

Naturalmente, esto provoca que se resientan sus rendimientos en las distintas áreas de su vida y que aparezcan, ante los demás, como personas inconstantes y poco disciplinadas. Muchas veces, estos comportamientos son, además, explosivos, como un terremoto que brota de pronto, inesperada e inexplicablemente, tanto para el sujeto como para los que lo rodean.

Actitud frente a la fatiga

Los bipolares tienen un patrón, bastante propio, de ir cansándose progresivamente. Esto no se debe tanto a la fatiga, propia de un esfuerzo, como al aburrimiento que le provoca la rutina. De modo que, cada tanto, deben detener su actividad y hacer otra cosa para tratar de alejar esta vivencia, porque, cuando lo invade, siente que es un escenario que lo aplasta y del cual no puede escapar.

El observador inexperto, al ver esta actitud, deduce que el bipolar carece de voluntad y firmeza, y no le falta razón, pero esto ocurre por motivos diferentes de los que él piensa. No se trata, por ejemplo, de escasez de disciplina sino una necesidad de estimulación renovada y siempre creciente que, en caso de faltar, lo hunde en el tedio y el desinterés.

Pero hay que tener en cuenta que el puño de la depresión que aprieta en silencio el corazón del bipolar (aun en su manía) es, también, uno de los motivos de su agotamiento. Por una parte, consume su energía interior, y por otra, lo enfrenta a un mundo cargado de adversidad que lo aplasta. [*"No, no es cansancio... / Es una cantidad de desilusión que se me entraña / en el pensamiento, / es un domingo al revés / del sentimiento, / un feriado pasado en el abismo..."* (Fernando Pessoa).]

Vínculos y proyectos

Todo lo conectado con las relaciones y los proyectos representan un área conflictiva de importancia. El bipolar cambia rápidamente de postura frente a sus proyectos y afectos, le cuesta mantener relaciones profundas y durante mucho tiempo. Es muy usual encontrar, en las historias de estas personas, numerosas experiencias de cambio laboral, vocacional y de pareja, generalmente, con separaciones y desligues turbulentos. Esto se debe, en parte, a la búsqueda de la diversidad de experiencias como un alimento significativo del alma, a la complejidad de su mundo personal y a la tendencia a construir vínculos disfuncionales, enredados, tormentosos y atribulados, tanto con personas como con tareas y emprendimientos.

Reacción frente a situaciones nuevas

Los bipolares tienen una excitación inicial baja y una resonancia de corta duración. Puede ocurrir, sin embargo, que al inicio las nuevas propuestas tengan una fuerte intensidad que decae a poco de andar, como si en el transcurso del tiempo decayera la motivación.

Ocurre algo similar respecto a los objetos y a las personas: acercamiento afectivo fácil pero sin consecuencias prolongadas. Ahora bien, si este contacto les provoca mucha efervescencia, puede llegar a ser explosivo y sin transiciones. A pesar de la intensidad, no por eso, sin embargo, deja de ser superficial.

Esto explica dos modelos interpersonales muy frecuentes del bipolar: no involucrarse (que los otros interpretan como falta de compromiso) y el contrario, el involucrarse totalmente, sin gradientes previos. En este sentido, es típico que cuando un bipolar conoce a una persona que le despierta atracción sexual reaccione, por ejemplo, de este modo: "Hola, ¿qué tal? ¿Cómo te llamas? ¿Nos vamos a vivir juntos?". [Me recuerda el breve poema confesional del poeta mexicano Efraín Huerta: *"En / cuestiones / de amor / (o como se llame) / siempre / he sido / un tanto / prematuro."*]

Autodestructividad

Las personas bipolares poseen una gran propensión a destruir, con sus comportamientos, todo lo que construyen, sean vínculos afectivos, o bien desarrollos profesionales o laborales. *"...Al borde estoy de ser / lo que más aborrezco: / Caín de lo que quiero"*, dice en estos versos, muy gráficamente, el poeta español Pedro Salinas.

Es frecuente encontrar, en sus relatos, un reconocimiento de que sus actitudes y obras fueron las causantes de sus pérdidas, tanto materiales como anímicas. Que, muchas veces, podían visualizar con anticipación el resultado final desastroso de sus actos, pero que, aun así, no podían detener la impulsión coercitiva que los avasallaba. Es que,

25

en las profundidades de sus almas, se puede descubrir un inconsciente y apremiante sentimiento autodestructivo que los sojuzga y que, seguramente, está enlazado con la herida en la autoestima y la valoración personal que los bipolares cargan. Es como si sus conductas expresaran: "Nada puedo tener, porque de nada soy merecedor".

Esto conlleva mucho sufrimiento y penurias, soledad, dificultades materiales y de inserción social, que llenan el corazón con una vivencia dolorosa irreparable.

Sentirse incomprendidos

Otra faceta interesante de las personalidades bipolares es la sensación de ser incomprendidos, el estar convencidos de que nadie puede saber de sus males y, por lo tanto, que no hay quien pueda ayudarlo. *"Los que llegan no me encuentran. / Los que espero no existen"* (Alejandra Pizarnik). Esta vivencia es la madre del desconsuelo que, usualmente, anida en sus conciencias de un modo torturante.

La razón de la creencia de que no existe persona que pueda entender los motivos del "desastre de sus vidas" se debe, en parte, al hecho de que son ellos los primeros que ignoran las causas, seguramente por su manifiesta dificultad para bucear en los repliegues de su intimidad.

Esta vivencia de no tener interlocutores, en oportunidades, los conduce a excluirse de una vida social activa. Pero, a la larga, la soledad —tanto a los bipolares como al resto de las personas y tal como dice Camilo José Cela— *"puede llevarnos a extremos desangelados"*. En la toma de esta actitud de aislamiento no están gobernados por sentimientos de orgullo o superioridad, sino arrastrados por una sensación de desarraigo y desconexión.

La sensación de *no pertenecer* se ha convertido, para el bipolar, en un "callejón sin salida", donde por momentos se siente: *"Inmóvil en la sombra, mudo como una planta, / sembrado, quieto, en un temor de nada, / con derrumbes de carne para adentro / pero sin haber muerto"* (Jaime Sabines).

Y del mismo modo como el sentirse incomprendido puede conducirlo al aislamiento, también puede llevarlo a la indiscriminación de sus conductas (por ej., la promiscuidad); pero el resultado es semejante en ambas reacciones: soledad, incomprensión.

Hay otro aspecto de este problema que se debe considerar con cuidado. Se trata de que el bipolar vive, como evidente, la realidad que piensa. Tal como expresan —con mayor precisión (y belleza) que mis palabras de terapeuta— estos versos de Pessoa: *"Albergo en el pecho, como a un enemigo que temo ofender, / un corazón exageradamente espontáneo / que siente todo lo que sueño como si fuese real, / que acompasa con el pie la melodía de las canciones / que mi pensamiento canta, / canciones tristes, como las calles estrechas cuando llueve"*.

(Hago aquí una digresión que considero importante. Se podrá decir que, para fundamentar mis reflexiones acerca de la bipolaridad, "abuso" del gran poeta portugués Fernando Pessoa —y de sus famosos "heterónimos" (por ej., los versos anteriores los firma como Álvaro de Campos)— y de otros grandes poetas universales, en desmedro de reconocidos autores del campo de la Psiquiatría, la Medicina y la Psicología; es decir, que me baso en "ficciones" para describir un padecer tan *real* como el que nos ocupa; pero sucede que la poesía *expresa* mejor y más cabalmente *las emociones* —sobre todo, las de los bipolares— que cualquier obra escrita proveniente de la ciencia médica o las disciplinas psicofísicas. Y no exagero. Ya lo decía una autoridad como Aristóteles: *"la Poesía es más verdadera que la Historia, porque ésta dice las cosas como fueron, y la Poesía, como debieron haber sido"* —recuérdese aquí la *tragedia griega* y cuánto la estudió Sigmund Freud, por ej., deseoso de hurgar en el misterio del Inconsciente—. Desde luego, como terapeuta, uno tiene el deber de hacer silencio para escuchar y descubrir a la *verdadera* persona que se enmascara *detrás de su sufrimiento* y, sobre todo, *de su discurso*, sea éste *poético* o *prosaico*, *realista* o *fantasioso*, *reticente* o *verborrágico*, para acompañarla, después, a

27

encontrarse consigo misma. Más aún: uno mismo, como terapeuta, debe estar muy despierto y muy advertido de *los peligros de la fascinación* por sus propios "versos", es decir, *su propio discurso terapéutico*, y volver sobre éste cada tanto para modificar "la letra" que *deba ser* modificada, sin miedo a nuevos errores o contradicciones (tan propios de los hombres, por otra parte...). Jorge Luis Borges decía: *"Toda interpretación es una ficción que se agrega a la realidad"*. Y al fin de cuentas, la interpretación del padecer bipolar también es un discurso y, de algún modo, *una ficción que se agrega a la realidad particular* de quien sufre dicho padecer; por lo tanto, cualquier interpretación a partir de la cual se pretenda *fijar para siempre* un saber y una estrategia de cura o alivio de la bipolaridad, fracasará, pues *ningún saber ni ninguna interpretación deben ser nunca unívocos, definitivos ni estáticos,* sino *dinámicos*, es decir, deben permitirse *oscilar* como la vida misma, teniendo en cuenta, además, los nuevos aportes multidisciplinarios para el abordaje de este trastorno y, sobre todo, la historia personal, el talento a potenciar y la individualidad irrepetibles de *cada* paciente.)

Ahora bien, los sueños de los bipolares no son ficciones para ellos, y las imágenes mentales que los forman tienen existencia concreta; el carácter multidimensional de éstas hace que sean muy difíciles de poner en palabras (a los poetas les resulta un poco más sencillo...). Téngase en cuenta el hecho de que *"cada palabra dice lo que dice y además más y otra cosa"* (Alejandra Pizarnik). Por otra parte, lo que ellos "ven" como algo real es —para quienes los rodean— el atisbo de una sombra que no pueden llegar a representar y, menos aún, comprender.

Atención flotante

Los bipolares suelen estar muy conectados y enlazados con su entorno de una manera muy peculiar e inconfundible: son atentos aunque no concentrados, ligados al contexto pero no al foco, perciben todo y no se demoran en detalles, sintetizan mucho y analizan poco. Este mecanismo les da una perspectiva y un registro de la realidad no habitual y los lleva a arribar a conclusiones (obtenidas por vía intuitiva) que sorprenden a los otros.

Concentrarse les resulta problemático y el esfuerzo que deben realizar para lograrlo aumenta su oscilación, ya que contraría una tendencia natural opuesta y los hace entrar en confusión.

El bipolar está más abierto a experimentar la totalidad de los estímulos de la realidad que el común de las personas. Esto puede acarrear que, por una parte, si se desconoce su modo de pensamiento, se lo considere disperso, cuando en realidad su diafragma perceptivo está muy abierto, y por otra, él sea propenso a los "fracasos escolares o laborales", dado que los requerimientos académicos siguen patrones totalmente distintos de su modo de funcionar.

Sin embargo, es bueno tener presente que lo que a los bipolares les falta en concentración, les sobra en atención, puesto que, al igual que los disléxicos, son "atencionales natos".

Voraz curiosidad

Esta singular relación con el entorno es un dato que se enlaza con la insaciable curiosidad que emana por todos los poros del bipolar. Esto hace que, muchas veces, estén "saltando" de una cosa a la otra y que sean evaluados como inconstantes, cuando en realidad están "devorando el mundo" con su percepción. [*"... mis brazos insisten en abrazar al mundo"* (Alejandra Pizarnik).]

La curiosidad se conecta con el horror bipolar al aburrimiento y el fuerte desarrollo de los sentimientos de interés, que no tienen otro objeto que el estar interactuando activamente sobre las cosas con las cuales se relaciona. Cuando el tedio lo embarga suele intentar escapar de esta situación recurriendo a tres mecanismos básicos: ensoñación creativa (sueña despierto), cambiar su foco de atención hacia otro centro de interés y ponerse en movimiento.

La curiosidad conduce al bipolar (niño o adulto) a la búsqueda de nuevas experiencias, a intentar aprenderlo todo, tocarlo todo, entrometerse en todo. Esto puede resultar, para los otros, una molestia [*"Yo era la fuente de la discordancia, la dueña de la disonancia, la niña del áspero contrapunto. Yo me abría y me cerraba en un ritmo animal muy puro"* (ídem)], pero el bipolar no está asistido por un afán de fastidiar a nadie sino que actúa en función de un empuje natural de huir del hastío y de explorar el mundo. Las travesuras infantiles son un buen ejemplo de esta disposición a la aventura del conocimiento que es un ingrediente importante de las cualidades bipolares.

El don de los matices

Desde una perspectiva positiva, el oscilar implica la capacidad de poder ponerse en un punto de vista diferente del actual, lo que suele resultar una buena estrategia para comprender lo que no se conoce.

En este pasaje de un polo al otro, el bipolar va recorriendo una gama de gradientes a una gran velocidad. Esto le permite alcanzar, cuando está *bien aspectado*, el dominio de una vasta escala de emociones diferentes, en tiempo récord, y experimentar un arco muy amplio de tonos y matices afectivos en los vínculos y la comunicación.

Este talento —compartido con la creatividad— es inherente a la condición bipolar y, cuando el paciente está *mal aspectado*, permite comprender la oscilación como una manera de negarse a abrir las puertas al ensayo y la exploración de los gradientes afectivos (diferencias) y un correlativo refugio en las cimas emocionales de la tristeza y la alegría, con el objetivo de excluir cualquier posibilidad de cercanía, contacto y combinación entre ellas. El motivo de esta evitación a experimentar la ambivalencia hay que rastrearlo en la historia del bipolar.

Pensamiento concreto

Las formas del pensar reflejan maneras de vislumbrar y entender el mundo. El pensamiento bipolar es circular, dialéctico, dinámico, totalizador, pleno de cualidades sensibles, como una especie de sistema de conceptos vivos sumergidos en imágenes, de manera que, para él, el universo es una realidad concreta, plástica, pero sobre todo en movimiento.

Este tipo de estrategia cognitiva le implica atarearse con grandes bloques de información a mayor velocidad que su propia formulación verbal, lo que puede procurarle un mayor rendimiento intelectual, un mejor control del equilibrio emocional y el poder penetrar en áreas de la personalidad donde no existen palabras (el Inconsciente). Claro está que esto funciona como una disposición que está distorsionada en el bipolar, pero indica la riqueza potencial de su mente.

Por otra parte, además de este rasgo, el pensamiento bipolar posee una orientación intuitiva y multidimensional. Lo primero lo lleva a ser capaz de arribar a conclusiones sorprendentes, aunque no pueda dar cuenta de los procesos que lo condujeron a tal respuesta, y lo segundo, a experimentar los pensamientos como realidades desde incontables puntos de vista simultáneos y con una gran intervención de todos sus sentidos.

Para el bipolar las palabras, tal como él las expresa, son imágenes sensoriales [*"Aun si digo sol y luna y estrella me refiero a cosas que me suceden"* (Alejandra Pizarnik)], y una imagen de esta naturaleza no se puede fijar porque, cuando deja de sentirse, se pierde como tal, y no es posible encontrar vocablos suficientes para explicarlas [*"Toda la noche espero que mi lenguaje logre configurarme"* (ídem)]. Esto da cuenta de la aceleración de ideas que por momentos lo invade para intentar subsanar tal limitación.

Creatividad

Francisco Alonso Fernández señala que *"se dispone de suficiente documentación para señalar que la personalidad ciclotímica, el terreno predilecto del trastorno bipolar, acumula rasgos positivos para la creatividad filosófica y de otras modalidades, debido a su-*

mar como un privilegio facultades como las siguientes: el instinto de búsqueda de nuevas ideas o experiencias, la firmeza para mantener posturas poco convencionales, el espíritu de riesgo para la lucha social y el debate del pensamiento, entre otras...".

Esta afirmación del autor de *El talento creador* es coincidente con mis investigaciones al respecto, que apuntan a mostrar que la creatividad del bipolar se amplifica gracias, por una parte, al carácter concreto (por imágenes), intuitivo, multidimensional y dialéctico de su pensamiento, y por otra, a la curiosidad, esta actividad que Alonso Fernández ubica como *"instinto de búsqueda de nuevas ideas y experiencias"* y a la que Ronald Davis le atribuye la cualidad de ser una fuerza más intensa que la gravedad, la energía motriz que está detrás de la creatividad y de la evolución del hombre.

Torpeza

Los bipolares suelen tener conductas torpes o desacertadas.

En sus relaciones interpersonales se manifiestan como desmañados y deslucidos, parecen ineptos y carecen de pericia para decir lo apropiado e iniciar o cerrar un vínculo de modo "prolijo". Esta inhabilidad les provoca frustración e invalidez.

¿Qué es lo que esta clase de torpeza genera en el bipolar? En el mundo interno, que disminuya su autoestima (ya de por sí decaída), y en lo externo, que se trabe y paralice, o bien, que se acelere y se vuelva hiperkinético, aumentando, así, su incoordinación.

Un equivalente de la torpeza son las desorientaciones espaciales y la pérdida del equilibrio que frecuentemente padecen. Se marean viajando en vehículo terrestre y cuando éste está detenido sienten que se mueve, calculan mal las distancias, habitualmente se pierden...

Frente al reproche de los demás por sus frecuentes "torpezas" y "descuidos", un bipolar podría hacer suyas estas palabras del gran poeta mexicano Jaime Sabines: *"Te dicen descuidado porque ellos están acostumbrados a los jardines, no a la selva"*.

Camuflajes bipolares

En ocasiones la bipolaridad no aparece como afecto sino como equivalentes corporales. Esta idea clínica permite ampliar el concepto de bipolaridad e incluir un semblante más abarcador sobre ella en sus formas enmascaradas o vegetativas-distónicas.

Del mismo modo, muchas conductas, tales como el pánico, el síndrome de déficit atencional, hiperkinesis, adicciones, fobias, el juego, el sexo compulsivo, la fabulación, la predisposición a los accidentes, etc. pueden resultar bipolaridades encubiertas.

La trama bipolar

Tal como ya expresé en mi libro anterior *La bipolaridad como don* —dado que es inevitable que me "plagie" a mí mismo en algunas consideraciones sobre este padecer, cuando es necesario que vuelva sobre ellas aquí—, la historia personal del paciente bipolar revela que, de niño, sintió que no recibía el amor, el cuidado, la protección ni el sostén que necesitaba, de modo que creció bajo la impresión de estar sujeto a una insuficiencia afectiva.

Su interpretación de este hecho, su error cognitivo fatal, fue determinante para la constitución posterior de su sufrimiento bipolar. Atribuyó tal carencia a una condición de desamor: "Si no me aman, es porque no lo merezco, y si no merezco, es porque no valgo nada". De este modo, la autoestima, la autoconfianza, la firmeza y la seguridad personal quedaron fuertemente dañadas y quebradas.

A partir de estas premisas el niño fue inscribiendo en su psiquismo una serie de pautas mentales no menos importantes. Si "no valgo nada" es porque "soy indigno", entonces "está bien que no me quieran y que las cosas en la vida me sean hostiles" (el círculo vicioso de la depresión) o "no me importa que me den", "estoy indignado", "no necesito nada" (círculo vicioso de la manía).

Frente a esta situación, la pregunta que surge es, entonces, bajo qué condiciones psicológicas e históricas se hace posible que estos dos estados afectivos (depresión y manía) se combinen en una persona y se transformen en un malestar que la carcome.

La respuesta no es simple. Podría decirse que las personas bipolares son fuertemente ambivalentes frente a su propio Yo, que no han podido "decidir" por el aceptarse o rechazarse. En el polo depresivo manifiestan una fuerte hostilidad hacia sí mismos, en la manía un extremado amor. Se aman y se odian, sin poder conciliar ambos aspectos en una misma realidad. *"No soy nada. / Nunca seré nada. / No puedo querer ser nada"* —dice en este poema Fernando Pessoa, pero luego agrega—: *"Aparte de esto, tengo en mí / todos los sueños del mundo"*; es decir, hay conciencia (suponemos dolorosa) de ser *nada*; o sea, hay un sentimiento de odio, de autodesprecio por ello, pero, al mismo tiempo, este yo poético tiene sueños de una vida distinta, es decir, está "enamorado" de esa parte de su ser que tiene proyectos.

Este ir y venir de un lado al otro es un ciclo que transcurre entre períodos de intensificación y atenuación de sentimientos de culpa y remordimiento, entre sentimientos de aniquilación y omnipotencia, de castigo y de reiteración del pecado, de expiación y de transgresión, de depresión y de euforia, de tragedia y de sátira. En última instancia, entre hambre y saciedad, patrón básico en el cual el ser alimentado quedó ligado, desde los primeros tiempos de vida, al ser amado y el hambre al ser rechazado.

El elogio a la oscilación

Al comprender al bipolar no sólo en sus límites sino en sus talentos, no sólo en su actualidad sino en su historia, no sólo en sus síntomas sino en su estructura, estamos abriendo un campo de posibilidades significativo a la hora de diseñar una estrategia terapéutica.

Entre las varias cosas sobre las cuales conviene insistir está el tema del sentido y el valor que la oscilación tiene en la vida de un bipolar. Esta cuestión es de una importancia real, ya que de la comprensión adecuada de lo que ello implica va a depender la orientación terapéutica con que emprendamos un tratamiento.

La vida es vibración, la vida es movimiento, la vida es oscilación. El problema de la persona bipolar no es tanto su inestable oscilación, sino su incapacidad para integrar polaridades, su inhabilidad para detenerse en los gradientes y la intensidad exagerada de los antagonismos emocionales que la dominan. En suma, una polaridad que se presenta como antagónica, excluyente, radical, desmesurada, compulsiva, desarmonizadora y exacerbada y que le impide, por lo tanto, detenerse en los puntos intermedios que van de un extremo a otro.

Lo que intentamos sostener, desde hace tiempo, es que la bipolaridad no es un problema de estabilidad (o falta de ésta), sino de proporción en el modo que tiene el paciente de alternar sus afectos. El bipolar no debe incorporar a su vida quietud y fijeza, sino tonalidades, gamas, escalas, matices... y todo esto dentro de un esquema de cadencia, ritmo ponderado y consonancia, porque la inestabilidad, el bamboleo y la fluctuación no se curan con estabilidad y fijeza, sino con más movimiento hasta alcanzar el equilibrio y la armonía. Movimiento que está presente en la creatividad, en el don de los matices, el pensamiento en imágenes y la voraz curiosidad del bipolar.

Es por esta razón que los tratamientos "estabilizadores" no debieran ser el objetivo esencial de una labor sanadora, ya que esto conlleva la pérdida o bloqueo de los auténticos talentos de la personalidad bipolar.

Un hombre de la idoneidad y el reconocimiento internacional en el tema bipolar como es el Dr. Hagop Akiskal, y que se encuentra, tal vez, en las antípodas de las ideas contenidas en este libro, afirma al respecto de lo que acabo de enunciar:

> El punto final de todo tratamiento no debería ser, insisto en esto, la estabilización del humor; el punto final del tratamiento debería ser obtener un buen funcionamiento que sea compatible con las aspiraciones y deseos de la persona. Y esto no debería ser una imposición, una imposición artificial en cuanto a qué es la enfermedad mental. No debería ser hacer de la persona un vegetal mediocre, promedio, que no tiene ni este estado ni el otro, que anda solo por ahí dando vueltas. Hay algunos colegas que dicen que debemos remover totalmente la depresión, así como uno lo hace con el azúcar en la diabetes. Yo creo que es un criterio equivocado, alguna fluctuación en ese nivel de azúcar en sangre es posiblemente muy importante; algo de fluctuación en la presión sanguínea es probablemente importante; entonces, es lo mismo para los estados de ánimo. Debemos ser muy cuidadosos con lo que hacemos porque si removemos los estados de ánimo, quitamos un montón de belleza, y diría también, que un poco de conflictividad que hace interesantes a las relaciones humanas.

Creo que con lo dicho queda sustentado que oscilar no es *tan* malo. Que vale la pena buscar otros caminos alternativos a la estabilización, con el objetivo de despertar el poder bipolar que yace dormido tras la sintomatología, y no condenar a la persona a una existencia mediocre e insípida en donde cualquier vaivén está desterrado por "indeseable".

A la hora de diseñar una estrategia terapéutica cambiemos nuestros esquemáticos puntos de vista y empecemos a tomar conciencia de que un bipolar puede ser constructor, creativo e incluso genial, *no a pesar de* su bipolaridad sino *gracias a* ella. Pues *la bipolaridad es un don*, y si fue convertida en una desventaja, no es porque lo sea verdaderamente, sino porque la sociedad, la escuela y la medicina la han tratado, hasta ahora, como tal.

Capítulo II

"CORTAR ESE DOLOR ¿CON QUÉ TIJERAS?"

Cuanto más me contemplo más me aflijo:
cortar ese dolor ¿con qué tijeras?

Miguel Hernández

Hemos aprendido, hasta aquí, varias cosas acerca de los bipolares. Una de ellas es que poseen un don, un poder, que no siempre aparece del mismo modo o por el mismo camino en cada uno de ellos, y que llamo *el don de los matices*.

También hemos penetrado en el conocimiento de las habilidades esenciales que todos ellos comparten entre sí como un suelo común a partir del cual construyen las diferencias. Algunas de éstas son:

- Pensar lateralmente a la hora de resolver problemas.
- Pensar en imágenes plásticas en movimiento.
- Pensar intuitivamente como forma dominante de conocer.
- Tener una gran capacidad de síntesis (holismo).
- Vivir lo que piensan como una realidad.
- Pensar y capturar la realidad con todos los sentidos.
- Poseer una imaginación fecunda y activa.

- Ser empáticos en las relaciones humanas.
- Curiosidad para explorar y aprenderlo todo.
- Capacidad para armar bricolages mentales (relacionar cosas y conceptos aparentemente irreconciliables entre sí o encontrar conexiones aparentemente inexistentes).
- Ser "personas de recursos" ante situaciones difíciles y adversidades de la vida.
- Poseer un fuerte poder mental para crear percepciones.
- Estar muy conectados e interactuando con el entorno.
- Ser muy perspicaces para comprender situaciones, intenciones y afectos.

Todos estos talentos, si no son reprimidos, mutilados o sofocados durante la infancia, por la familia y la escuela, florecen en la adolescencia en torno de cuatro rasgos primordiales: 1) creatividad; 2) talento especial para los matices emocionales y vinculares; 3) flexibilidad para ponerse en el lugar del otro y comprender sus puntos de vista, y 4) una capacidad intelectual más alta que el promedio. Este último recurso no radica tanto en el buen nivel de cociente intelectual (que generalmente lo tienen) sino en la forma en que aplican las herramientas mentales para encontrar soluciones y diseñar estrategias creativas.

Esto nos muestra un panorama de la bipolaridad diferente del que habitualmente se concibe; pero para que los terapeutas, y la gente en general, modifiquen la percepción de "incapacidad para ser estable" a "virtud o talento", tiene que comprenderse la naturaleza estructural de la bipolaridad y de las causas que la generan.

Este enfoque nos permite apreciar tanto las restricciones como las posibilidades que conlleva el ser bipolar y entender sus síntomas como una estrategia para resolver una incapacidad (generada, no natural) de integrar polaridades afectivas y huir de la desorientación que le hace entrar en confusión y temer por la aniquilación de su propia identidad. Así, al transformar nuestra visión de la bipolaridad, estamos abriendo espacio para indagar por los talentos dormidos que hay que despertar y que se encuentran yaciendo debajo del "montículo" de la oscilación desproporcionada y excluyente.

Tal como el Dr. Edward Bach señalara (en otro campo): primero hay que enfrentar al paciente con los aspectos restrictivos y negativos de su padecer antes de que pueda descubrir y valorar adecuadamente los positivos. Esto no significa quedarse detenido en lo "malo de la cuestión", ni "fijarse al síntoma". Se trata, más bien, de un ensanchamiento de la percepción y la conciencia, de ganar terreno a lo inexplicable para que el paciente sepa qué es lo que está enfrentando y reconozca la totalidad de sus anclajes. [*"Esto que vive en mí, esto que muere / duras muertes conmigo..."* (Jaime Sabines).]

Por otra parte, el talento siempre esta ahí presente, y junto a los síntomas que lo hacen sufrir también florecen los recursos, muchas veces utilizados ampliamente pero no registrados como tales. Así, por ejemplo, un paciente bipolar puede caer, perderlo todo, pero de la nada hace algo y reconstruye su vida contra todo pronóstico.

Los problemas más habituales de los bipolares radican en sus vínculos afectivos y laborales. Cada bipolar es distinto porque la bipolaridad es fruto de una historia y, en cierta medida, de una creencia generada subjetiva y singular, que se ha convertido en una pauta de vida.

En mis conferencias, para tratar de graficar la bipolaridad, solía comentar que el paciente que padece este trastorno es un *disléxico emocional,* es decir, que el bipolar es en lo emocional lo que el disléxico es en lo mental-perceptivo. Posteriormente leí un hermoso trabajo de Ronald Davis, *El don de la dislexia,* que confirmó esa observación clínica de mi parte. Pero no sólo eso, sino que pude apreciar también que el modo en que él piensa la dislexia es muy semejante a como pienso la bipolaridad.

Al respecto, Ronald Davis dice:

La dislexia es el resultado de un talento en la percepción. En algunas situaciones, el talento se convierte en desventaja. El sujeto no se da cuenta de que esto sucede porque el uso del talento se ha incorporado en su propio proceso de pensamiento. En realidad, comenzó a muy temprana edad, y luego le parece tan natural como respirar.

Cómo se construye la oscilación bipolar

Tal como entendemos el problema de la bipolaridad (y en distintos terrenos hay investigadores que piensan en la misma dirección), este síntoma no es fruto de una alteración de la bioquímica cerebral, especialmente de la redes dopamínica y serotonínica, ni el resultado de un funcionamiento alterado de los campos eléctricos del cerebro, ni una disfunción del sistema límbico, aunque todo ello pueda estar presente. Tampoco es el precipitado de una cierta combinación genética anómala.

La bipolaridad es producto de una desregulación afectiva, una estrategia desplegada para enfrentar el dolor de las pérdidas y las carencias afectivas infantiles. Una reacción de la totalidad de la persona, en carne y alma, ante la ambigüedad, la confusión y la simbiosis, que implican, en su mundo inconsciente, la posibilidad de la aniquilación de su ser. En suma, el precipitado del establecimiento de una creencia equivocada en torno a la integración ambivalente de los afectos.

El modo como se produjo la inscripción de este **patrón de vida** en la personalidad fue algo a lo cual nos referimos en *La bipolaridad como don* al hablar de la biografía del paciente bipolar. Aquí vale preguntarnos: *¿Cuáles son los hitos de esa historia?*

Familia con un fuerte aislamiento del entorno

Este aislamiento es justificado, en la conciencia del grupo familiar, por razones culturales, educativas, económicas, étnicas, o bien, por enfermedades, y es percibido como algo de mucha importancia, frente a lo cual se deben desarrollar esfuerzos de sobreadaptación para lograr la aceptación social.

Niños educados en la dependencia

Educados, por los padres, en "la escuela" de la dependencia extrema de las opiniones externas, están devaluados como personas individuales, ya que sienten que sus logros sólo tienen importancia en la medida en que elevan el prestigio familiar.

Madre y padre

La madre es, en general, percibida por el niño como la fuerte y el referente de autoridad, mientras que el padre es visto como afectuoso pero débil y, a veces, como fracasado aunque realmente no lo sea. Es común que la madre sea ambiciosa y desvalorice los logros y la personalidad del padre.

Expectativas de los padres

Desde la concepción, sus padres demuestran un deseo de aceptarlo, cuidarlo y protegerlo. Sin embargo, este deseo está dictado más por una exigencia moral que por un verdadero sentimiento de entrega. Pero lo cierto es que quieren dar a su hijo todo aquello que colme sus necesidades.

De este modo, lo educan en "la escuela de la receptividad y la pasividad" y el niño se hace fuertemente dependiente del suministro de afecto (sobre todo) de la madre. Esta dependencia se extiende luego a la totalidad de los adultos significativos y a los valores que éstos trasmiten, y lo lleva a desarrollar una conducta de "complacer a los demás".

Relación padres / hijo

Los primeros tiempos de vida están, entonces, caracterizados por la presencia de una madre sobreprotectora y un alto grado de bienestar, satisfacción y nutrición que dan al bebé seguridad y confianza.

A medida que el niño crece va adquiriendo autonomía, en movimiento y pensamiento, y se va volviendo rebelde. Esto genera en la madre sentimientos de incomodidad y rechazo, que la llevan a un cambio en su relación con el hijo. De ser una persona maternalmente abnegada y cumplidora, pasa, de modo abrupto, a ser una madre exigente.

Esta actitud materna transforma radicalmente el universo del niño. La madre continúa cuidándolo pero comienza a demandar obediencia. El niño recibe afecto y cuidado siempre que acepte las exigencias de sus padres y viva de acuerdo con sus mandatos.

La consecuencia es que el niño comienza a sentirse ansioso y confundido. Y surge, entonces, su problema central, que consiste en no poder integrar las dos imágenes opuestas que se le revelan, ahora, de su madre. Por una parte, la percibe como una persona bondadosa, cordial, tierna y, por otra, como poco afable, dura y exigente.

Se produce entonces un fracaso en la confluencia de estos dos aspectos complementarios de la madre, y esto le impide al niño el acceso a *la experiencia de la ambivalencia* —que es la condición, para cualquier persona, de alcanzar un equilibrio emocional saludable—, y lo va volviendo incapaz de ver la realidad, tal cual es, en su totalidad.

Esto implica que los sentimientos positivos y negativos dirigidos hacia la madre y los correspondientes aspectos yoicos del niño empiecen a funcionar *desintegradamente*; a partir de este momento, estos sentimientos opuestos y desintegrados comienzan a llevar existencias paralelas, de extrema inestabilidad emocional. Ya adulto y en medio de una relación sentimental, bien podría hacer suyos estos versos de Juan Gelman: *"Aparto el amor con la derecha, / la locura con la izquierda, / para que no se mezclen por tu culpa"*.

Por lo tanto, los bipolares parecen tener, para el común de las personas, *dos identidades diferentes* (una bondadosa y otra destructiva), pues en cada extremo de su oscilación bipolar cada una de estas dos facetas de su personalidad está reflejando, precisamente, los aspectos opuestos, separados y disociados de su Yo.

Los resultados de la falta de integración

Habitualmente, y como fruto de este proceso, el niño termina adaptándose a las expectativas de sus padres, viviendo de acuerdo con ellas, no importándole el costo que esto le implique. Su sensación es que sólo obedeciendo puede lograr conseguir el amor que gozaba cuando bebé, o por lo menos, mantener el que está recibiendo en este momento, ya que, si no lo hace, va a ser castigado y la madre dejará de amarlo. Desde luego, no reflexiona ni especula acerca de todo esto, pero *lo vive* y *lo padece*.

Toda esta dinámica produce en el niño complejos sentimientos de ira contra esos padres, que se manifiestan en rabietas, travesuras o enfermedades psicosomáticas (en especial, pero no excluyente, del sistema respiratorio y digestivo).

La bronca, la hostilidad, el resentimiento, actuados o fantaseados, hacen nacer, a su vez, culpa, remordimiento y desvalorización, y se establece, así, un círculo vicioso entre el amor y el odio, que sirve de base para la futura formación de una estructura bipolar.

Lo interesante es que esto se conforma dentro de dos *creencias*: una, *"es un círculo del cual no puedo escapar"* y dos, *"esto me sirve para mantener separados, sin unir nunca, estos sentimientos"*.

El niño y los otros

Con todo este equipaje a cuesta igualmente el niño bipolar suele destacarse en su medio, ya que posee cualidades y talentos singulares. La familia suele considerarlo, en su imaginario, como el "más capaz" de sus miembros y en él están puestas todas las ilusiones. Esto lo coloca en un lugar especial dentro de su grupo, lo cual representa una carga adicional de responsabilidades.

A su vez, esta posición puede originar reacciones hostiles en los otros (celos, rivalidad y envidia), y el niño bipolar, que no puede enfrentar tales afectos, adopta una conducta de modestia, humildad y timidez, tratando de no destacarse y estando siempre a la expectativa de lo que los otros piensan y desean, como si quisiera aplacar una posible agresión. En cada día de la vida del niño bipolar —podríamos decir, casi sin exageración y citando a Borges—: *"No hay un instante que no esté cargado como un arma"*.

Esta máscara defensiva termina por engendrar insatisfacción, tortura interior y desconocimiento de sí mismo [*"¿Por qué la primavera se me hiela? / ¿Por qué bebiendo siempre tengo sed? / Pregúntalo a las fases de la luna. Yo no lo sé"* (Alfonsina Storni)], así como conductas inauténticas que lo llevan a establecer vínculos condenados al fracaso, el tedio o la falta de placer. Se convierte, en definitiva, en un ser atormentado.

Finalmente, el mito de tener que ser "especial y diferente" significa, para el niño, tener que pagar, de adulto, un elevado precio: *el sufrimiento bipolar*, que no lo abandonará en ningún momento y que lo marcará en todas las áreas de su vida.

Hay que agregar, además, un punto importante: tal secuencia de sentires y "vivires" (dependencia, receptividad, disociación) hace imposible la construcción de un eje referencial sobre el cual el paciente podría hacer girar, con certeza, su vida y sus límites. Pues en su niñez, en lugar de haber aprendido seguridad, firmeza, determinación y permanencia, ha asimilado inseguridad, inconstancia, indecisión e impermanencia.

> Al bipolar es como si le faltara columna vertebral y le sobraran pulmones, porque le sobra movimiento (pulmones) y le falta equilibrio (columna vertebral). Por otra parte, la dependencia lo ha privado de la autonomía, y cuando los soportes "ortopédicos" sobre los cuales se sostiene (reconocimientos, éxitos, sobreprotección) se mutilan, su base de sustentación se derrumba y él *no sabe hacer otra cosa más que oscilar.*

Puestas sobre blanco y negro algunas de las regularidades de la vida del bipolar, podemos apreciar, ahora, el hecho de que la oscilación opera como *una estrategia defensiva* frente al acercamiento de los polos afectivos del amor y el odio, de la tristeza y la manía.

Cabe, entonces, preguntarnos: *¿Cuál es la secuencia para que se actualice la oscilación bipolar hoy?*

Paso uno: La persona se enfrenta ante un disparador interno o externo que no es capaz de comprender y asimilar. Este estímulo puede ser una relación, un trabajo, una lectura, una persona, un sueño o cualquier elemento en el cual lo inconsciente establezca una asociación con una situación vivida como peligrosa y que aparece a la conciencia como extraña y no posible de otorgarle significado, es decir, que la persona no puede integrarla a su vida. [*"Signos que insinúan terrores insolubles"* (Alejandra Pizarnik).]

Paso dos: Este "disparador" actúa como un resorte que al no poder ser interpretado (decodificado) le hace perder los puntos de referencia habituales: sus límites espaciales, temporales, corporales y vinculares. Sin ellos, la persona se siente desorientada y la confusión le invade. [*"Como sin piel, herido por el aire, / herido por el sol, las palabras, los sueños"* (Jaime Sabines).]

Paso tres: La confusión lleva al bipolar a cometer errores de evaluación sobre la realidad interna y externa; por lo tanto, como un modo de defenderse de tal vivencia y poner un orden, comienza a desplegar una conducta afectiva extrema y polar que le garantiza, imaginariamente, la presencia de un cierto orden. [*"Soy el Argonauta de las sensaciones verdaderas"* (Fernando Pessoa).]

Paso cuatro: Esta reacción emocional, que tenía la finalidad de resolver un problema, resulta una conducta ineficaz e inadecuada, que más pronto o más tarde conlleva a la conciencia mucho tormento, al que se le suman las respuestas hostiles que cosecha el bipolar del resto de las personas que lo rodean, a causa, precisamente, de su comportamiento. [*"Quise viajar a todas las ciudades, / divorciarme de todas las casadas, / robarle al mar su agónico perfume. / Y apuré, vanidad de vanidades, / después de demasiadas madrugadas, / el puré de cicuta que resume"* (Joaquín Sabina).]

Paso cinco: Esto implica frustración, entonces la persona vuelve a recurrir al mecanismo compulsivo de la bipolaridad, que representa el retorno a una antigua pauta de respuesta construida en el pasado infantil. [*"Veranos de buen vino y mala sombra, / de confundir enanos con molinos, / de viajar al abismo con alfombra. / Es hora de volver a la autopista / por donde van, burlando sus destinos, / el zángano, el adúltero, el ciclista"* (ídem).]

Paso seis: Todo esto muestra, una vez más, la falta de una báscula interior que le sirva de referencia y de eje alrededor del cual pueda ir y venir de una manera proporcionada, sin depender de las reacciones e influencias del entorno. [*"... Por diseñar castillos sin almenas / perdí, otra vez, las llaves de mi casa"* (ídem).]

La báscula mental

Dijimos, unas líneas atrás, que la bipolaridad es semejante a la dislexia. En ambas configuraciones las personas carecen de un punto de orientación. No obstante, cuando pueden llegar a construir y manejar ese "punto de referencia" (giroscopio interior), lo que inicialmente aparecía como una dificultad comienza a desaparecer. En el disléxico se trata de la carencia de un punto espacio-mental; en el bipolar, de una "coordenada vincular".

> Esta carencia es la que hay que remediar en todo tratamiento terapéutico de la bipolaridad, para que su lugar lo ocupe una "relación guía", ya que la falta de eje provoca confusión, y ante la emergencia de tal estado psíquico, la inestabilidad aparece como una respuesta defensiva.

Al trabajar con esta mirada y aplicando una metodología destinada a que la persona bipolar cree un "vínculo interior referencial" (la báscula mental) que le sirva de timón para alejarlo de los cambios extremos y de la confusión que le generan algunas situaciones cotidianas, los logros que se alcanzan son sorprendentes.

Hay cosas que la persona bipolar no puede representar, que le crean desorden, desorientación, caos y desconcierto, y entonces la oscilación es la respuesta para defenderse de esa circunstancia. Del mismo modo como su pensamiento es plástico (imágenes en movimiento), su ir y venir emocional refleja su discurrir mental. Cuando le dicen "tienes que ser estable", él escucha "oscila", y esta situación es decisiva, ya que desde la medicación y desde la palabra lo que se le está repitiendo al bipolar es algo que no puede comprender o que él traduce exactamente al revés.

La "estabilidad" que el bipolar tiene que lograr no debe provenir de afuera, sino surgir como una "referencia interior", y no puede equivaler a la detención o quietud, sino a *movimiento con sentido y proporción*. No hay que pretender que deje de oscilar (su oscilación es su virtud), sino que sane la desproporción que lo "traga" en el remolino del eterno vaivén sin eje.

Los pacientes bipolares nos enseñan, con sus expresiones, aquello que los terapeutas *tenemos que aprender* para saber ayudarlos. Sólo hay que poner atención, escucharlos y valorar sus puntos de vista. Y acompañarlos a precisar sus emociones encontradas, tales como las siguientes, por ejemplo: *"... o sea / resumiendo / estoy jodido / y radiante / quizás más lo primero / que lo segundo / y también / viceversa"* (Mario Benedetti).

Es común observar que las dificultades y las desdichas vinculares llenan sus biografías. Es notorio el deseo de ser aceptados y amados, que los empuja a establecer relaciones a cualquier precio, construidas desde la necesidad y la dependencia y no desde el amor y el crecimiento.

En el momento de nacer y luego del corte del cordón umbilical, el ser humano adviene al desvalimiento, es decir, no puede valerse por sí mismo para satisfacer sus necesidades básicas. Es el otro o son los otros, sus padres, quienes cumplen esta función, y si ese recién nacido no recibe protección, afecto, cobijo y nutrición, se hunde en el desamparo. Esta vivencia es muy radical, al punto de que el bebé va desarrollando, con el paso del tiempo, un complejo mecanismo de defensa consistente en transformar ese desamparo en una creencia: *"Si no me dan lo que quiero, es porque no lo merezco, y si no lo merezco, es que soy indigno"*. Tal sentimiento de indignidad luego es encubierto, en el futuro bipolar, tras una máscara de prodigalidad exagerada mediante la cual pretende comprar afectos y reconocimiento que sanen su estima dañada; cuando no los recibe, surge una profunda indignación por sentir que lo tratan injustamente, y la represión de esta indignación vuelve como el polo de exceso (maníaco) de la bipolaridad.

A esto se une la incapacidad para dar por terminado un vínculo, para decir "basta" o "no te quiero más", ya que tal condición forma parte de la vivencia bipolar según la cual una relación que acaba implica una muerte posible del Yo: en cada corte está en juego la aniquilación de su identidad, pero no como metáfora sino como una realidad feroz. En la biografía afectiva del bipolar pareciera *encarnar* este poema breve de Efraín Huerta titulado "Se sufre": *"En cuestiones / de amor / siempre / caminé / a paso / de / tortura"*.

Estas circunstancias (la herida en la estima y el temor de aniquilación ante una pérdida de afecto) llevan, a los bipolares, a establecer vínculos enmarañados, complejos y destructivos, que son la expresión de un profundo "barullo" afectivo, y reiteradas y frustrantes relaciones de pareja en las que —según palabras de Benedetti— *"cada dolor flamante / tiene la marca de un dolor antiguo"*.

Ante esto, ¿qué hacen habitualmente los terapeutas? Recomiendan cautela, distancia, inacción, proporción y abstinencia, lo cual implica no haber asimilado lo que acontece en el mundo interior del paciente, porque estas palabras encierran conceptos irrepresentables en el universo de la conciencia bipolar.

Lo que sí, en cambio, deberían impulsar, es que estos pacientes realizaran experiencias vinculares, porque *nada es peor, para un bipolar, que la ausencia de vínculos*. Los encuentros interpersonales son como columnas que —aun por más disfuncionales que sean— los sostienen.

Aunque más adelante nos volveremos a referir a este punto, podemos señalar que las relaciones humanas, las actividades de servicio, el desarrollo sensorial, la danza, el yoga y el tai chi son excelentes herramientas para construir y sostener el *eje interior*.

49

Puntos sobre los cuales sostener un tratamiento

Hay dos principios fundamentales que hay que tener en cuenta como base de la propuesta de un tratamiento de los pacientes bipolares:

* La bipolaridad no será superada mediante la lucha directa contra ella, sino sustituyéndola por un bien opuesto.
* No será derrotada por medios exteriores a la persona, sino convocando la fuerza interior autocurativa que yace dormida dentro de ella.

Es decir, ampliando, por una parte, las virtudes contrarias a la inestabilidad (en este caso la firmeza, la proporción y la determinación) y dejando, por otra, de poner toda la confianza en los resultados de la química estabilizadora exterior para apelar, en cambio, a las energías del auto-asistente interno, ese centro personal que cuida por nosotros aun a pesar de nosotros mismos. Todo esto sobre el sustento de no poner la esperanza de salvación en los recursos artificiales, sino ajustando el trabajo terapéutico a las leyes naturales.

Ahora bien, a estos pilares conviene agregar algunas otras consideraciones:

La bipolaridad se instaura como un desgarrón en el tejido que conecta a la persona con los otros.

La red de comunicación e interacción habitual se encuentra funcionando inadecuadamente y, en vez de convertirse en una herramienta para el crecimiento y la evolución, acontece como una catástrofe y una adversidad. El resultado de estas condiciones hace que el paciente bipolar quede apartado de los vínculos sociales, se recomiende a sí mismo cuidado en sus relaciones e inclusive puede ir desarrollando una actitud de aislamiento que empeora su cuadro.

> Sin embargo, tal condición puede ser una oportunidad de crecimiento y de transformación, y esto (que puede ser concebido como una catástrofe) puede, a su vez, trasmutarse en un punto de reorientación de las prioridades en la vida del paciente bipolar.

Las circunstancias adversas hacen crecer y fortifican el carácter y la capacidad de preocuparse por los demás. En este sentido, más que proponer al paciente un restricción relacional, hay que empujarlo a vivir las experiencias vinculares con toda intensidad. [*"Usa mi llave cuando tengas frío, / cuando te deje el cierzo en la estacada, / hazle un corte de mangas al hastío, / ven a verme si estás desencontrada"* (Joaquín Sabina).]

Volveremos más adelante sobre este punto.

La bipolaridad forma parte del proceso de la vida.

No es algo apartado, encapsulado y ajeno a la existencia de la persona que la vive; más aún: muchas veces representa un disparador para realizar un cambio necesario o es el resultado de un conflicto del pasado. Pero siempre es una señal del proceso de desarrollo personal y por lo tanto siempre tiene sentido.

> Esto implica, entonces, que la bipolaridad no es un mal a suprimir, sino un suceso a comprender e integrar en el curso de la biografía del paciente. De esto modo convertimos una emergencia en un emerger, una catástrofe en una oportunidad.

El acceso a la curación de la bipolaridad requiere de muchas dosis de placer, alegría y pasión.

Es una obviedad, pero vale aquí recordar que la infelicidad es causa de muchos padeceres psicofísicos y la alegría es un buen remedio para los males del cuerpo y del alma. Cuando uno está deprimido los candados que protegen el organismo se vuelven vulnerables a las llaves de los virus y las infecciones se apoderan del cuerpo. De manera que, sin entrar en detalles (que pueden hallarse, por ejemplo, en excelentes libros como el del Dr. Paul Pearsall *La salud por el placer*), la experiencia de la dicha, la alegría, el placer y toda la gama de emociones constructivas producen un equilibrio neuropsicohormonal sanador.

Ahora bien, la oscilación es clave para el logro del placer, tanto o más que el equilibrio. La homeostasis no es quietud; por el contrario, es un estado de equilibrio adecuado que en psicosomática se denomina "buena oscilación" y que orgánicamente puede atribuirse a un balance correcto de hormonas y neurotransmisores.

Pero, cuando esta oscilación positiva se desmadra, se producen las "subidas y bajadas" desmesuradas en cualquier plano. Cuando una persona lucha de un modo constante por conservar este equilibrio, entre grandes subidas y bajadas, su organismo se vuelve incapaz de soportar tal tensión y comienzan a producirse "cortocircuitos".

Paul Pearsall afirma:

> El desgaste se nos manifiesta en el rostro, en el corazón, en la reacción inmunitaria y en el carácter emocional. La receta del placer dice: sube con un poco de felicidad estresante, pero recuerda que siempre tienes que volver a bajar. Baja con un poco de infelicidad estresante, pero recuerda que puedes volver a subir. Algunas personas se estresan tanto intentando reducir y controlar su estrés, intentando mantener constantemente una actitud positiva o trabajando duramente para conseguir la felicidad, que se pierden todo lo que tiene de divertido estar sometidos a presión y todo lo que podemos aprender del hecho de estar tristes.

Sin duda, podemos suscribir las palabras del Dr. Pearsall y aplicarlas a la bipolaridad; es decir, sostener que vivir con pasión y alegría y *oscilando proporcionadamente* es hacer posible una experiencia placentera, que representa, en sí misma, un "psicofármaco" excelente para la bipolaridad.

Que el bipolar viva intentando controlar su oscilación y forzándose a ser estable —o que se lo impongan desde la psicoterapia y la farmacología— no es el camino indicado, ya que a lo que conduce es a todo lo contrario de lo que se busca.

Despertando el don bipolar

¿Es correcta esta perspectiva?
¿No será demasiado esperanzadora?
¿Es posible pensar que un cambio de actitud sobre la bipolaridad puede llevarnos a procurar una ayuda significativa a estos pacientes?

Muchas veces me hago estas preguntas y siempre llego al mismo lugar: ver a personas que han recuperado su salud y su vida, sin mutilarse ni restringirse, y con deseos de construir día a día su felicidad junto a otras, es un testimonio elocuente de que algo de razón hay en estos planteos y en el accionar terapéutico consecuente con ellos.

Es bueno insistir en el hecho de que no se trata sólo de propuestas genéricas, sino que conllevan consecuencias prácticas y técnicas concretas (que son exploradas a lo largo del libro), dirigidas y ordenadas en función del objetivo central que es despertar el don bipolar. Todas estas prácticas y estas técnicas están basadas en una cierta filosofía de trabajo que quiero acabar de explicitar. Veamos:

Existen en la terapéutica tres grandes vías de curación, que coinciden con tres grandes vías de evolución: *el amor, la sabiduría* y *el poder*.

La primera vía se refiere a cómo nos transformamos por la alquimia de las ligaduras afectivas. Dado que ningún encuentro es casual y como toda relación nos puede cambiar para mejor, si nos abrimos a una experiencia de auténtico encuentro con otra persona, podemos tener la esperanza de acceder a la sanación de nuestras heridas más profundas. [*"Si el mundo fue ya no será una porquería, / porque en el mundo vivimos vos y yo"* (Horacio Ferrer).]

La segunda, consiste en el proceso de aprendizaje que no se reduce al mero conocimiento intelectual ni académico, sino que se extiende a la comprensión de la conexión entre todos los aspectos de la existencia y todas las modalidades de la sabiduría. (Una curiosidad —una de las tantas que siempre nos depara la etimología de nuestra lengua—: la palabra "saber" viene del latín y tiene la misma raíz que "sabor". Para los antiguos, un sabio era, sobre todo, aquel que sabía *saborear la vida*.)

La tercera, no alude al dominio sobre los demás o sobre la naturaleza, sino al poder de convocar y suscitar en uno y en los otros las energías autocurativas capaces de transformar el dolor en felicidad para lo que nos reste de vida, y así poder afirmar como Efraín Huerta que —*a pesar de la metáfora* fatal y manriqueana de *"mar = muerte"*—: *"Nuestras / vidas / son los / ríos / que van / a dar / al / amar / que es / el vivir"*.

Estos tres caminos son los que hay que hacer converger en el tratamiento de los pacientes bipolares: un **amor** capaz de ejercer una acción benéfica de metamorfosis sanadora; una **sabiduría** suficiente que permita comprender las razones y los sentidos de un síntoma como un indicador de una lección que se debe aprender, y el **poder** de hacer resurgir, desde dentro de la persona, la potencia y el impulso buscador del equilibrio y la salud, y la fibra para dejar atrás las ataduras y fijaciones del pasado.

Desarrollar *una terapéutica amorosa, sabia y poderosa* ha de ser el propósito que impulse la práctica clínica y lo que todo paciente debe buscar en un tratamiento con el cual se comprometa. Sobre la base de estos valores y criterios es como podrán desplegarse los caminos o vías concretas para la recuperación del equilibrio perdido y el despertar de los talentos dormidos.

En este sentido, y en paralelo a la instalación del eje interior (del cual ya hablamos), acto que casi se convierte en un hecho ritual en el bipolar, los talentos que hay que avivar para ayudar al proceso de sanación son: *creatividad, capacidad de detenerse en los matices, asertividad* (fruta madura de la intuición), *diversidad* (flexibilidad mental) y *capacidad de servicio*. Éstos son verdaderos poderes curativos por sí mismos, sobre los cuales nunca es suficiente la insistencia (y sobre los cuales aquí solo escribiré algunas líneas, ya que luego serán abordados extensamente).

1. El camino de la creatividad

La curiosidad alimenta la creatividad. El espíritu creativo camina por el mismo sendero que la bipolaridad, y esta sintomatología es el resultado, en mucho, de un potencial creativo no desarrollado, mutilado o enfocado equivocadamente. De tal manera que, aunque la creatividad no es el privilegio de algunos sino una característica del ser humano, existen personas que poseen un auténtico talento creativo.

Se asocian a creatividad conceptos como innovación, ingenio, genio, invención, intuición, originalidad, y el mismo término sugiere, también, idea de renovación (renacer cada día), variedad de experiencias, realización, superación y crecimiento personales por medio de la expresividad, capacidad de adaptación a situaciones y problemas nuevos, multiplicidad de alternativas, sensibilidad...

Si revisamos este listado, vemos toda la influencia que el despliegue de la capacidad creativa puede tener en la sanación de una persona y en especial del bipolar, ya que mucho de lo mencionado constituye rasgos de su personalidad que se encuentran mal encauzados. Como una talla en madera sin concluir, el bipolar tiene las asperezas naturales de algo interrumpido en su fin. Convocarlo a crear lima dichas asperezas y suaviza su carácter y le permite adquirir una disposición a canalizar por esa vía la energía que, de otro modo, se descargaría en la oscilación.

55

> Cuanto más crea el bipolar, más se equilibra, ya que la persona creativa puede escapar a la presión del Inconsciente y los conflictos, expresando sus demandas, mientras que el bipolar sucumbe ante ellas.

Por otra parte he aprendido (sobre todo, en carne más propia de paciente que de terapeuta) que una buena actividad creativa sustituye una parte de la medicación. No es éste el lugar para desplegar estos hechos, pero se hace necesario que mencione, al pasar, que la creatividad provoca un proceso de balance interesante de la bioquímica cerebral, que no sólo mejora el estado general del paciente, sino que le permite disminuir sus dosis de fármacos por compensación de la estimulación en la producción de "drogas" endógenas.

2. El camino de los gradientes

Hemos insistido en varios lugares (y volveremos a hacerlo) en la necesidad que tiene el bipolar de aprender a detenerse en los matices, experiencia que debe acontecer en todos los planos: sensación, palabra, ideas, vínculos...

El bipolar no tiene grises. Es común que, por ejemplo, cuando narra algún episodio de su vida, enuncie un titular (tipo periodístico) y prosiga, como dando por sentado que todos han entendido con esta media palabra la totalidad del asunto. Allí los gradientes consisten en pedirle detalles, es decir, que la persona aprenda a modular la información y a "armar una secuencia". Hay técnicas de texturas en las cuales se le pide al paciente que vaya tomando contacto con diferentes sensaciones táctiles. Lo mismo con el color, la música, la intensidad vocal, los sabores... ¿Qué se busca con ello? Que la persona se detenga y experimente intermedios, medios tonos, escalas, y esa experiencia, que al principio es fundamentalmente sensorial y corporal, se va haciendo no sólo cuerpo sino inscribiendo también en el psiquismo. Entonces, a medida que la persona va pintando con matices, modulando su voz como canto, registrando y diferenciando dejos y tonillos, va asimilando una mayor capacidad de ampliar su arco emocional y disminuyendo su oscilación extrema.

La *sucesión pausada* es un concepto que escapa de la mente del bipolar cuando funciona inadecuadamente. Su anexión a su vida implica un paso significativo de crecimiento hacia la salud, que se va a traducir en sus vínculos, sus afectos, sus rendimientos y su vaivén.

3. El camino de la asertividad

La asertividad es la expresión, en la conciencia, de la actividad intuitiva, reconocida y aceptada. Ser asertivo es tener certidumbre, firmeza y determinación, y la asertividad es una afirmación con conciencia de realidad, un juicio que surge como inmediato, sin duda alguna que lo empañe, sobre una situación o persona en concreto.

Ser asertivo implica, entonces, dominar una excelente capacidad para darse cuenta en qué medida los hechos, las personas, los encuentros y cualquier evento nos afecta en particular, y a partir de este "conocimiento asertivo", proceder en consecuencia, sin desvíos, sin miedos, sin encubrimientos y sin incertidumbres.

El neologismo "asertividad" deriva de la palabra latina *assertio* y significa "aserción, aseveración, afirmación", y por extensión se le puede dar el sentido de *afirmación de la propia personalidad*, confianza en sí mismo, autoestima, aplomo, fe en el éxito, verdad, vitalidad pujante, comunicación segura y congruente...

En suma, ser asertivo significa aceptar la responsabilidad de las propias acciones y ser capaz de expresar los pensamientos y convicciones de una manera clara y honesta.

Tan sólo con volver sobre estas líneas apreciamos que tal cualidad está ausente en el bipolar, pero no de una manera estructural, sino meramente funcional, ya que éste posee una gran intuición.

Ahora bien, la asertividad está faltante en el bipolar cuando él no es consecuente con lo que intuye; por otra parte, su dependencia, su necesidad de ser querido y la inseguridad lo alejan de la firmeza y la determinación.

El bipolar, en este terreno, es como una hoja al viento, parece carecer de convicciones sólidas, o cuando las tiene, éstas son más una expresión de fanatismo que auténticas opiniones personales. Por lo tanto, necesita desarrollar fuertemente sus capacidades asertivas y, cuando lo logra, ocurre que mejora de manera sensible su vida, sus relaciones y su comunicación y, por otra parte, reduce sus niveles de oscilación desproporcionada. La Psicología Cognitiva y las técnicas de trabajo asertivo brindan excelentes herramientas para ayudar en este campo.

4. El camino de la diversidad

Aquí nos encontramos con toda una temática bipolar que gira en torno de abrirse a lo diferente sin perder el eje, ser flexible sin volverse un "flan", ante el miedo no amurallarse tras la obstinación, ser resistente pero no duro, ser dúctil pero capaz de sostener las propias convicciones, ser tolerante, negociador y elástico evitando la rigidez, la inflexibilidad y la intransigencia.

La diversidad es en lo mental, lo que la tolerancia en los vínculos, lo que los matices en lo afectivo y la flexibilidad en el cuerpo. Un cuerpo enmohecido refleja una mente cerrada. Un afecto estancado es semejante a un músculo envarado. De manera que un vínculo obsesivo, una emoción atascada, un organismo entumecido y un pensamiento dogmatizado confluyen hacia formas de manifestación diferentes del mismo conflicto. Es "el mismo perro con distinto collar".

La diversidad, en todos sus ámbitos, genera vigor, fluidez, amenidad, conexión y balance, y nos aleja de la monotonía y la indiferencia.

> La diversidad también se relaciona con la pluralidad y la abundancia. Ser plural es la condición de ser propicio a aceptar lo distinto. Por este sendero, al estar en contacto con otros puntos de vista y admitirlos como válidos, no sólo nos mantenemos vivos y en movimiento sino que además nos enriquecemos y nutrimos, abriéndonos a la abundancia.

Tanto las técnicas corporales, como las psicológicas, y las artísticas y expresivas, como el arte dramático, el baile, la expresión corporal, e inclusive ciertos deportes fomentan el desarrollo de esta cualidad que permite al bipolar concebirse como uno en la diversidad, ser espontáneo, recuperar autoestima, no cerrarse a la interacción ni a las ideas y alejarse tanto de la actitud de huida de las experiencias nuevas como de la repetición obsedante de lo mismo.

5. La capacidad de servicio

Varios autores señalan la importancia de olvidarse un poco de uno mismo y poner energía en desarrollar una actividad de servicio por los otros. [*"Con tu puedo y con mi quiero / vamos juntos compañero"* (Benedetti).]

La asignación de tareas o la elección de un compromiso comunitario no sólo ayudan a desarrollar la compasión, el desinterés sano de uno mismo, la preocupación por el bienestar ajeno y muchos otros valores, sino que también, en lo que nos ocupa, enseña a las personas a ver la vida y su propia situación desde una nueva perspectiva. El paciente bipolar, haciendo estas tareas, se siente útil, valioso, puede ejercitar la constancia (que tanta falta le hace), se relaciona con otras personas y, especialmente, se siente dueño de un proyecto real y concreto que va ejecutando y en el cual puede verificar los logros.

Esto puede hacer la diferencia y es notable cómo el dar puede cambiar una vida. Una máxima judía reza: *"Las acciones de dar son el fundamento de la vida*" y el trabajo de servicio pone a las personas cara a cara con la experiencia amorosa del dar.

Hay que recordar que la bipolaridad nace a partir de *una pena de amor* y que la manía puede leerse como una negación de esa herida y la melancolía como el culparse por creer haber dañado lo que se amaba. Ambos extremos hacen inviable el contacto sincero con el amor, que es vivido, en cambio, como un "torbellino tormentoso".

Para reconciliarse con el sentimiento, poder sanar el egoísmo y amar a otra persona, lo primero que se tiene que lograr es estar en contacto estrecho, íntimo y sincero con ella (dificultad muy marcada en el bipolar). Y la vía del servicio va desbrozando el camino para permitirle acceder, luego, a relaciones de amor más ceñidas y personales.

Por otra parte, el servicio refuerza la autoaceptación y la autoestima. Al dar amor y preocuparnos por los demás, recibimos amor, gratitud y aceptación, y logramos mejorar nuestra salud física y psíquica así como alcanzar mejores niveles de balance emocional. Podría citar aquí numerosas investigaciones especializadas sobre este punto, en donde se demuestran los efectos terapéuticos del trabajo voluntario sobre el organismo, pero me parece mejor recomendarles un excelente libro de Douglas Lawson que se llama *Dar para vivir*.

Shakespeare dice que "*es la mente que mantiene vivo al cuerpo*". Debieron pasar siglos para que completáramos que *son los vínculos* (sanos) *los que mantienen viva* (es decir, sana) *a la mente*.

El servicio hace converger, en un mismo campo de experiencia, amor, relaciones, mente y cuerpo, y permite hacer fluir las energías estancadas, que se transforman en una acción productiva, que se traduce, así, en un avance importante en el equilibrio emocional de los bipolares.

Dos temas centrales: relaciones afectivas y PLAN *de* VIDA

Nos faltaría, para completar esta presentación general, abordar el tema de los vínculos y el concepto de PLAN de VIDA como herramienta terapéutica.

1. Relaciones afectivas

Las relaciones afectivas son un condimento importante de la vida y la salud del paciente bipolar. Los vínculos existen cuando hay un sentido de contacto, comunicación y comunión [*"Para que pueda ser he de ser otro, / salir de mí, buscarme entre los otros, / los otros que no son si yo no existo, / los otros que me dan plena existencia"* (Octavio Paz)]. Y siempre es mejor tener una relación, aunque sea tormentosa, que carecer de ella [*"En caso de vida o muerte, se debe / estar siempre con el más prójimo"* (Antonio Machado)]; por otra parte, es en el campo de los empalmes afectivos donde se dirime la batalla por conquistar ese eje interior que le permite, al bipolar, lograr oscilar ponderada y armónicamente.

En el capítulo "Poniéndole ejes a la vida" abordamos este tema, pero quiero recalcar que la experiencia vincular es una llave maestra en la cura de la bipolaridad, comenzando por la relación terapeuta-paciente que debe estructurarse como una situación de mucho compromiso, ya que —tal como señala Harry Guntrip—:

> Los contactos físicos despersonalizados y los contactos intelectuales despersonalizados deben ser considerados por igual, como traiciones hechas al verdadero vivir humano, como sustitutos de relaciones personales genuinas.

2. PLAN de VIDA

Al paciente bipolar no hay que proponerle un tratamiento sino un nuevo PLAN de VIDA, esto es, motivarlo a realizar un cambio sustancial y progresivo de su existencia.

Este plan va a funcionar como un esquema referencial capaz de ir ayudándolo a ordenar, afuera y adentro, el remolino de sus conductas y vivencias. Por otra parte, esto entraña procurarle un proyecto con el cual identificarse y poder asumir como propio. De por sí, esto ya tiene eficacia terapéutica, pero es el conjunto de alternativas —interactuando entre sí, valga la redundancia— lo que va a ir facilitando su sanación.

El paciente bipolar necesita una regla, no rígida, pero sí bien estructurada; necesita un tejido que lo sostenga pero que no lo ahogue; necesita desarrollar espacios sistemáticos y definidos de actividades diarias sin sentirse en prisión. En suma, necesita distribuir adecuada y prioritariamente el tiempo e incorporar *acciones rituales* (terapéuticas y no terapéuticas) en la vida cotidiana y en momentos definidos, que le van a ir permitiendo construir un orden interior y un dispositivo para enfrentar con éxito su padecer. Tal andamiaje representa la plataforma inicial para que el paciente tenga un marco que lo aleje de las crisis y del desamparo y que, más adelante, funcione como un *hábito* altamente positivo y le procure beneficios significativos en el camino de su cura.

> El cambio de vida es un cambio de creencias y cambiando las creencias podemos cambiar la vida. Pero lo inverso también es cierto: cambiando la vida (errada) se cambian las creencias (erróneas).

Este PLAN de VIDA debe incluir las siguientes actividades:

a) Tratamiento

Los pacientes deben recibir un tratamiento con las herramientas más adecuadas para cada circunstancia (algunas de las cuales describimos y recomendamos en este libro), pero siempre con la idea de aumentar en el paciente el mayor grado de autonomía posible; es decir, *ayudarlo pero no fomentar la dependencia*.

No considero que los diferentes abordajes terapéuticos sean excluyentes entre sí (y la bipolaridad se presta para un enfoque de impacto múltiple), pero nos parece importante, por muchas razones, que cada paciente tenga un "terapeuta guía" que actúe como tal y sea el punto de orientación, sostén transferencial y consultor habitual.

En varios textos sobre la bipolaridad se recomienda el trípode de la medicación, la psicoterapia y la autoayuda y, en casi todos ellos, la psicoterapia es considerada un instrumento de apoyo, secundario a la acción psicofarmacológica.

Creo que hay que revisar este criterio. Se hace tan importante la participación activa del paciente bipolar en un trabajo terapéutico sobre sus emociones, vínculos, historia y personalidad, como el recibir la ayuda de prescripciones que le permitan sostener sus síntomas hasta que pueda dejarlos atrás.

> Pero el nervio de la cuestión es comprender que el mejor tratamiento es el que le hace bien y efecto al paciente, el que lo ayuda a despertar sus poderes y talentos y el que lo reconforta en su posibilidad de ser feliz. Y esto no se logra con un "remedio terapéutico" sino con una "relación terapéutica".

b) Descanso

El buen dormir, en cantidad y calidad suficiente, es una recomendación fundamental que el bipolar debe cumplir. El insomnio, el mal dormir, el poco descanso, el estrés, son factores irritativos que pueden contribuir a desencadenar crisis maníacas o depresivas.

Por otra parte, durante el dormir, se elaboran ansiedades, fantasías, conflictos y miedos. Junto con la natural regeneración de la fuerza física, un buen sueño procura, además, una recuperación emocional significativa que aumenta el bienestar y proporciona alegría y buen humor.

Descansar no es sólo dormir. También incluye aprender a distenderse, relajarse y reposar. El bipolar debe incorporar la práctica habitual de encontrar momentos, durante el día, en el cual ejercitar una relajación profunda con todos los efectos positivos que esto conlleva.

Es conveniente, para lograr buenos niveles de aflojamiento mental y corporal, recurrir a técnicas de masajes y baños de inmersión prolongados que coadyuvan a liberar tensiones, bloqueos y condicionamientos emocionales arraigados en el cuerpo.

> La consigna es no dormirse tenso, no comer tenso, no enfrentar ninguna situación en estado de tensión. En cualquier momento que note presión y nerviosismo la prioridad es relajarse. Del mismo modo, cuando se sienta cansado no debe exigirse ni acumular fatiga. La distensión, en todas las esferas de la vida, es para el bipolar un prerrequisito para alejar riesgos de mayor inestabilidad.

c) Alimentación

Una alimentación inteligente es un factor para asegurar y mantener una buena salud; pero sin otros ingredientes como aire, sol, actividades físicas, descanso, creatividad y emociones placenteras (entre otras), no hay equilibrio posible. (La dicha necesita el concurso de muchas manos, a la desdicha le basta una.)

Nutrición no sólo significa la asimilación de alimentos necesarios para el mantenimiento de la vida del cuerpo, sino que hay que pensar también que, en el acto de comer, estamos realizando una actividad mucho más compleja y abarcadora que el ingerir y digerir, ya que los alimentos no son sólo un combustible, ni el organismo una máquina.

Tener una alimentación hipotóxica, bien balanceada, a horarios adecuados y rítmicos, sin fanatismo, lo más simple y natural posible, ayuda al bipolar a lograr un mejor estado psicofísico que redunda en su armonía emocional. También lo ideal sería comer despacio y en un clima acogedor y sereno (y esto vale para todas las personas), sin televisor encendido, anunciando hecatombes y tentando al consumismo irracional, y sin entrar en acaloradas discusiones con los eventuales compañeros de mesa [*"No es lo que entra por la boca lo que contamina al hombre, sino lo que sale de su boca, esto es lo que contamina al hombre"* (Mateo 15:11)].

Hay una serie de recomendaciones alimenticias concretas para la bipolaridad, que señalaremos más adelante, pero hay que tener siempre presente el principio esencial de que:

> La alimentación es fuente de vida; al comer estamos asimilando todo el entorno; los alimentos son energía, son emociones, y debemos construir una dieta correcta para ayudarnos a no agravar nuestros males y para ayudarnos a recobrar el balance perdido.

d) Ejercicio

La práctica de algún deporte —el caminar o correr todos los días, por ejemplo— también es un factor muy importante a tener en cuenta. El paciente está en movimiento, quema el exceso de energía, desintoxica el organismo, mantiene la flexibilidad corporal y, sobre todo, promueve una sensación de estar vivo y activo. Y en el ejercicio detiene el "disco rayado" de su mente.

Por otra parte, el deporte y la gimnasia generan un mayor equilibrio emocional, algo necesario para el bipolar. Así como en la alimentación, en el ejercicio físico debe existir una suerte de disciplina progresiva hasta llevar al paciente a hacer de aquél un hábito cotidiano.

Sin embargo, hay otro costado en el cual el deporte brinda un aporte a la cura de la bipolaridad. La actividad deportiva lleva, a quien la practica, a vivir totalmente en el presente, con gran conciencia de los movimientos del cuerpo, a lograr un buen equilibrio interior y, cuando se involucra plenamente, a alcanzar una especie de "estado alterado de conciencia". (En este sentido, un buen ejemplo son los libros de Michael Murphy: *Golf en el Reino* y *The Psychic Side of Sports*.)

Pero lo interesante es que la vivencia bipolar, en sí misma, también puede ser pensada como un cierto "estado alterado de conciencia", pero de naturaleza perturbada. He comprobado cómo el bipolar, al ir viviendo estos mismos estados en el deporte y aprender a controlarlos y canalizarlos, puede ir incorporando este aprendizaje a su campo emocional y descubrir el costado positivo de ellos.

> De manera que la actividad física provee no sólo bienestar al cuerpo sino capacidad de dominio, determinación, resistencia y armonía al psiquismo, y éstas son cualidades que a la persona bipolar le conviene desarrollar para aliviar e incluso sanar sus síntomas.

e) Respiración

La respiración profunda es una habilidad básica para una vida sana. Provee al cuerpo de vitalidad, facilita la oxigenación de las células, acrecienta la circulación linfática, produce una importante relajación muscular y aumenta la habilidad para controlar los estados emocionales y mentales. Su opuesto, la respiración superficial, involucra deficiencia de oxígeno, falta de energía y abundante toxicidad.

El poder de la respiración también es un instrumento terapéutico muy útil. En esta dirección se ha desarrollado una terapéutica, la pranoterapia, que justamente mediante ejercicios respiratorios permite disolver emociones y estados perturbadores a la par que desarrollar disposiciones para mejorar el balance psíquico y corporal.

El aprender a respirar bien ("hasta los pies", como aconsejan los chinos) es, sin duda, un excelente aporte a una mejor calidad de vida y un buen instrumento para agregar al dispositivo de recursos de ayuda para prevenir las crisis bipolares.

f) Aire y sol

Estar en contacto con la naturaleza, el verde, el aire puro y el sol es positivo para cualquier persona. Sin embargo, parece que olvidamos frecuentemente el valor nutritivo que estos elementos poseen y no nos damos cuenta de lo que representa para la salud su presencia y para la enfermedad su ausencia.

La patología bipolar es una manifestación psíquica en la cual estos elementos de la naturaleza juegan un rol protagónico, ya que revitalizan, dinamizan y al mismo tiempo relajan y desintoxican el organismo.

Para un bipolar algunos buenos deportes son la natación, el montañismo y el ciclismo. Al escalar se toma contacto con el aire puro, el sol, el verde, se comprueban los gradientes (hay que estar muy atento a los desniveles del ascenso), la resistencia, la conciencia corporal; los pulmones se revitalizan, la circulación crece, la afirmación y la estima personal se fortalecen. Las caminatas en grupo de ascenso y descenso por una montaña representan una actividad muy integradora para el bipolar, puesto que abarca lo físico, lo social, lo emocional y el contacto con los elementos naturales que complementan la nutrición alimenticia y afectiva de toda persona.

En todo plan terapéutico se debe pedir al paciente bipolar que realice alguna actividad al aire libre y tome sol regularmente y que tome conciencia de que tales acciones no son una distracción sino parte importante de su labor de curación.

g) Sexualidad

Otra cuestión importante a considerar en el cambio de vida del paciente bipolar es la actividad sexual y las concepciones que tiene de la sexualidad.

Por diferentes razones observamos, en la clínica, que su vida sexual es nula, poca, insatisfactoria, indiscriminada o desbordada. Que muchas veces se manifiesta como pura descarga, o bien que impedimentos funcionales, de diverso orden, lo alejan de la plena satisfacción, el placer y el orgasmo.

Pero no es en el área de los rendimientos eróticos donde reside el problema. El bipolar posee una imagen pobre y desvalorizada de sí mismo y, aunque la encubra con manía, ésta persiste tras la fachada omnipotente. No se cree merecedor de amor y placer, tiene miedo a la intimidad y al rechazo, y estos conflictos los lleva consigo a la cama y son los que hay que cambiar para permitirle acceder a una buena y regular vida sexual, ya que el buen sexo es un elemento que disminuye los riesgos de desmadre emocional y colabora para mantener buenos niveles de autoestima, confianza y seguridad personal e inclusive puede llegar a ser un importante dispositivo curativo.

De modo que hay que facilitar a los pacientes bipolares el desarrollo de una vida sexual sana, regular, placentera y completa (en el marco de un vínculo adecuado), trabajando con ellos los motivos que les impiden lograrla.

h) Trabajo

El trabajo es, sin duda, una buena herramienta de recuperación. Si es posible, una actividad laboral que responda a los intereses del paciente, pero si no es factible, el solo compás del trabajo ya lo provee de recursos anímicos positivos y le da un cierto ritmo que le es muy necesario mantener.

Por otra parte, el trabajar está vinculado aquí no sólo a la independencia material y anímica, sino también a la autoestima y el sentirse valioso. Es por esto que cuando el bipolar se encuentra desocupado conviene orientarlo a que realice alguna actividad laboral programada y considerar esto como una extensión de la terapia.

i) Actividad artística, expresiva y creatividad

Un elemento significativo es fomentar en el paciente la práctica de alguna actividad expresiva artística o creativa como la danza, la pintura, la música o el teatro, preferentemente, con aquella con la que se sienta más identificado y que le permita dar rienda suelta —insisto mucho en esto— a sus potencialidades y aptitudes latentes.

Esta ocupación es en sí misma terapéutica, pero además saca al paciente de la rutina y le permite elaborar miedos y ansiedades que de otra manera podrían ir a incrementar los síntomas emocionales bipolares. [*"Escribo sólo por matar las tardes, / por no ponerme a deshacer maletas, / por no arrastrarme por las estaciones, / por no andar como el rey de los cobardes, / mustio, con un ramito de violetas, / en el sepelio de las decepciones"* (Joaquín Sabina).]

j) Autoayuda

En cierta medida, constituye uno de los pilares de la recuperación del paciente bipolar, aunque **de ningún modo sustituye su tratamiento individual con profesionales idóneos**. Se trata de la existencia de grupos de bipolares que intercambian experiencias, comparten sus vivencias y se ayudan solidariamente en los momentos de necesidad.

Estos grupos sirven también de sostén y de espacio propicio para la reinserción luego de una crisis. En ellos, los pacientes se encuentran con pares que los acompañan en sus recorridos interiores y saben de qué se trata porque ellos han padecido lo mismo. De este modo, se sienten comprendidos y contenidos; descubren que no son los únicos que tienen este padecer ni son muy diferentes del resto de la sociedad. A la vez, la solidaridad les permite recuperar la esperanza de volver a transitar el camino de la vida que creían perdido.

Ahora bien, por autoayuda entendemos, además, las herramientas que el paciente bipolar va aprendiendo a lo largo del tiempo y le sirven para desarrollar estrategias paliativas y de control. De esta manera, mediante sencillas técnicas, que van desde la respiración a la digitopuntura, puede encontrar un soporte cierto que lo auxilie en momentos de adversidad, angustia o pánico, o bien cuando siente el peligro de la proximidad de una crisis maníaca o depresiva.

Hasta aquí hemos presentado las bases generales con las cuales pensamos el abordaje terapéutico de las personas bipolares. Lo que continúa en los siguientes capítulos tiene más que ver con la implementación de estas propuestas por senderos bien delimitados. Sin embargo, lo previamente dicho es lo que da sustento y significación a las herramientas.

Siempre es bueno recordar que *las técnicas curan pero lo que sana es la relación*, y nunca más cierto este adagio que en el campo de la bipolaridad.

Capítulo III

EL ENCUENTRO INTERPERSONAL: PSICOTERAPIA

*Mi experiencia me ha obligado a admitir gradualmente
que el individuo posee en sí la capacidad
y la tenacidad de avanzar en la dirección de su propia madurez.
En una psicoterapia adecuada esta tendencia puede expresarse libremente,
y deja de ser una potencialidad para convertirse en algo real.*

Carl Rogers

*Es una dicha para el hombre ser mortal, pues gracias a esta condición
su existencia puede hacerse dramáticamente intensa.*

Simone de Beauvoir

La psicoterapia constituye una herramienta esencial para el tratamiento de la bipolaridad, ya que posibilita la comprensión de las causas emocionales e históricas profundas que han llevado a un sujeto a su padecimiento, ayuda a efectuar un cambio de vida que le permita acceder a un mayor grado de felicidad, libertad, paz e integración psíquica, posibilita la instalación del *eje interior*, a partir de lo cual puede aspirar a una oscilación proporcionada, facilita el desarrollo de pensamientos y conductas asertivas, y hace viable la experiencia de descubrir la capacidad de navegar sin temor por matices emocionales diversos.

> Muy contrariamente a lo que habitualmente se opina, la psicoterapia no es una opción secundaria o de apoyo en el trabajo terapéutico con pacientes bipolares, sino que puede constituirse, por sí misma, en el centro de la actividad de su cura. La medicación contiene o suprime un síntoma pero no puede sanar en el sentido que le estamos dando aquí a este concepto.

Lógicamente, no estoy planteando ninguna dicotomía o antagonismo entre las orientaciones psicoterapéuticas y farmacológicas; sí, en cambio, insistiendo en fomentar que los pacientes bipolares accedan a una labor psicológica profunda, duradera, extensa y especializada, y no con la ideología de ser jerarquizada tras cualquier medicación o servir como proceso educativo en torno de la naturaleza del mal bipolar y en torno del desarrollo de conductas apropiadas para enfrentarlo. Esto último —tal como los enfoques psicoeducativos lo demuestran— puede ayudar a que el paciente mejore su conciencia de enfermedad, la regularidad de sus hábitos, prevenga los intentos suicidas y las conductas adictivas o impulsivas. Sin embargo, no se trata sólo de esto en la psicoterapia ni que la psicoterapia se convierta en "colaboradora en el sostén del tratamiento farmacológico".

En su magnífico libro *El reencantamiento de la vida*, Thomas Moore dedica un capítulo, que se llama "La silla del terapeuta", que resume brillantemente lo que creo que debe ser la psicoterapia y en especial la psicoterapia para un bipolar. De modo que a él remito para ampliar lo que a continuación expongo y, de paso, recomiendo todo el libro a las personas bipolares como un excelente manual de autoayuda.

¿Qué es la psicoterapia?

La psicoterapia es una experiencia dialógica de búsqueda de hacer consciente lo inconsciente, de tomar contacto con nuestra sombra, de expandir las fronteras de lo que sabemos de nosotros, con la finalidad de ayudarnos a evolucionar, erradicar la ignorancia y la dependencia y, por este camino, eliminar nuestros sufrimientos. Desde esta mirada, la psicoterapia puede ser pensada como un método curativo basado en la acción sanadora de la relación interpersonal.

¿En qué consiste esta relación? En una cita entre dos personas (o más), donde una de las cuales trae su dolor como motivo del pedido de ayuda y la otra está preparada y dispuesta para escuchar, entender las "profundidades" no dichas de este padecer, interpretar su sentido en la vida del consultante y prestar solidaridad y apoyo a su sufrimiento. La naturaleza de este encuentro, la empatía que se establece en la relación, es más importante que cualquier saber académico, formación profesional o información que pueda circular en ese espacio.

El terapeuta es un agente promotor de la libertad del paciente; alguien que colabora para independizarlo de la esclavitud de su enfermedad, que lo empuja a avanzar por el sendero del conocimiento de los motivos de su misión en esta vida, de las lecciones que tiene que aprender y, por lo tanto, alguien entrenado para auxiliar en el descubrimiento del sentido y la resonancia de los síntomas en la vida de una persona.

Para desarrollar este proyecto es necesario que paciente y terapeuta confíen mutuamente uno en el otro y se hagan responsables de lo que le toca a cada quien en esta labor. Acompañar sin interferir, el terapeuta; comprometerse a indagar en los repliegues de su sufrimiento, sus vínculos y su historia, el paciente.

Paciente y terapeuta son semejantes, y la relación, entre ellos, no puede consistir en un contrato impersonal o en la prestación de un servicio técnico, pero tampoco en un vínculo que trascienda lo terapéutico. Siempre debe ser personal y amoroso, pero sin perder cada quien el lugar que la estructura de la relación necesita para funcionar como tal.

De modo que la relación terapéutica se constituye a partir de un estado de necesidad y sufrimiento, por una demanda de ayuda que se manifiesta como síntoma, y esto hace que el síntoma posea, en psicoterapia, un valor diferente del que ocupa en la clínica médica habitual.

Lo que interesa a la psicoterapia es un síntoma como parte de una totalidad que es la vida del paciente. Esto implica entender que esta herramienta se funda en la categoría de la historicidad del hombre, que no consiste en la narración de lo que le sucedió sino en revivir lo que hizo cada quien con lo que le sucedió.

> La psicoterapia no se reduce al encuentro de dos personalidades unidas en una tarea en común, pues conlleva la presencia corporal. En el diálogo psicoterapéutico el cuerpo es un territorio donde se expresan los afectos que se intentan descubrir y sanar. Del mismo modo, el Alma está presente tanto como el cuerpo. Y la vinculación terapéutica sagaz abarca la comunicación en estas tres dimensiones del hombre, dejando de lado teorías, explicaciones, técnicas y estadísticas para permitir que el hombre se exprese en pleno como tal.

El para qué de la psicoterapia

Una persona pide ayuda terapéutica, no para sentirse peor, sino para curarse, o por lo menos, aliviar sus padecimientos. [Es la demanda angustiosa que expresan estos versos de Jaime Sabines: *"... quiero que me acompañen y me auxilien / antes de caerme a mis pies. (Sobre mis zapatos me voy a caer / como si me quitara el traje)"*.] Tiene una dificultad concreta o un sufrimiento determinado que anhela dejar atrás. Pero, muchos de sus anhelos no resultan sueños fáciles de realizar y, por otra parte, es frecuente que arrastre una historia de "frustraciones terapéuticas" que le generan una actitud desconfiada, reticente o de poca fe en el tratamiento que va a iniciar.

A pesar de todo, su esperanza es hallar aquí, en esta nueva oportunidad, una ayuda concreta, la comprensión de sus malestares, la solidaridad con sus penas; en suma, un espacio donde ser escuchada, compartir sus problemas y encontrar soluciones o, por lo menos, caminos hacia ellas.

Pero en esta demanda de establecer un vínculo confiable, el dolor que arrastra el paciente entraña la posibilidad de convertirse en un muro que impida ahondar hasta las raíces del mal que lo atormenta. La preocupación, la angustia, el padecer pueden impedirle entregarse a una búsqueda reveladora.

Esto es algo inmediato que hay que enfrentar, son resistencias que hay que dejar atrás. Atender lo lindante no es una mala política, si no se pierde de vista la finalidad de la labor psicoterapéutica, que no consiste sólo en aliviar el sufrimiento, sino, esencialmente, en hacerlo comprensible hallando su sentido. De modo que la psicoterapia puede ser vista como una apuesta para reflexionar sobre el valor y alcance del dolor en nuestras vidas.

Esta cavilación es válida en cualquier campo de trabajo terapéutico y conlleva una necesaria pregunta por la vida interior de la persona, que desplaza el eje del tener una enfermedad a ser enfermo, del por qué al quien.

Entonces, el para qué de la psicoterapia transita este carril: el descubrimiento profundo de uno mismo. Proceso que no está centrado en el paciente, sino en la historia vivida en común entre terapeuta y paciente y en la construcción de una nueva esperanza de llegar a ser. Descubrimiento que tiene un aspecto bien concreto que se traduce en mayor felicidad, mayor libertad y mayor comprensión de la existencia singular de cada cual. Aunque no se agote en eso, la psicoterapia proporciona un mejor modo de vivir, relacionarse y avanzar por la vida.

Un intento de definición más precisa

Podemos decir, ahora, que la psicoterapia es un proceso curativo, de aprendizaje y de ensanchamiento de la conciencia, que dirige su atención hacia lo particular de cada persona concreta, que intenta comprender el sentido de la enfermedad en el contexto de una historia y que recurre para ello a la herramienta del diálogo.

Este procedimiento sanador apela a una serie de recursos para cumplir su tarea. Los dos más importantes son, por una parte, la estimulación del proceso de "darse cuenta", que opera en el paciente de un modo progresivo y continuo, ampliando su registro perceptivo, y el lazo interpersonal que se edifica entre paciente y terapeuta. Ambos hechos son interdependientes, están ligados entre sí de una manera íntima y se retroalimentan constantemente. Veamos.

Darse cuenta

El *darse cuenta* tiene un poder curativo sorprendente. Para comprender su potencia es necesario integrarlo en la biografía del paciente y en la totalidad de la persona, ya que, de alguna manera, cada introvisión que se logra permite reconstruir una parte fragmentada de la biografía de la persona y de los motivos que alientan sus actos.

La faena de introvisión es como un rompecabezas: cada parte que se revela engarza en otra hasta formar una figura. Los fragmentos sueltos no son nada, pero unidos poseen un sentido. Cada vez que "nos damos cuenta" dónde va una pieza la fragmentación se reduce y la figura crece. Y, como en el rompecabezas, siempre conviene empezar por los bordes, agrupando las piezas por colores semejantes. De esta manera al conectar segmentos afines se puede ir construyendo una imagen posible. Del mismo modo, en el proceso de concienciar vamos de lo más evidente y consciente avanzando, decididamente, hacia el centro, reuniendo a cada paso los restos de las huellas de experiencias, recuerdos, síntomas, vínculos, que se asocian entre sí.

Introvisión

Tomando un concepto de Walter Brautingam hemos denominado *introvisión* a este proceso de "darse cuenta", que implica ampliar el conocimiento de sí mismo que no se reduce a un saber intelectual sino a una indagación existencial: cuál es mi tarea en esta vida, qué tengo que aprender, qué defectos tengo que corregir, qué proyecto tengo que cumplir. Son las preguntas borgeanas: *"¿Qué arco habrá arrojado esta saeta / que soy? ¿Qué cumbre puede ser la meta?"*.

Tal introvisión, que culmina apropiándose de la existencia y el destino, no es un acto mental sino una experiencia emocional que se acompaña de una transformación radical de la persona. Una especie de conmoción existencial, que llamamos "crisis de conciencia", que se reconoce por tres rasgos característicos: apunta al núcleo de la persona, le da apertura hacia nuevos horizontes y produce transformaciones que pueden integrarse al curso de su vida.

> Merced a este proceso la persona comienza a advertir que nada de lo que le sucede, sucedió o sucederá carece de sentido; que todo le pertenece; que el destino es algo que formó; que la historia es algo que construyó; que pasado y futuro pueden actualizarse; que la enfermedad es una condición de existencia, no una condena; que un síntoma es una experiencia, no un castigo; que de todo puede escapar menos de lo que tiene que aprender, y que hasta que no aprenda, el dolor seguirá vigente, la angustia continuará desgarrándola.

Este proceso, en psicoterapia, ocurre en el "entre ambos" y esto hace que el *darse cuenta* sea una obra compartida. El *darse cuenta* sucede dentro del marco del vínculo terapéutico, es hijo de una relación, y los padres son, justamente, esta pareja: paciente y terapeuta.

La relación psicoterapéutica

En psicoterapia la intención es ampliar horizontes, reducir lo que el paciente desconoce de sí mismo. El punto de partida consiste en aliviar el dolor y restablecer la salud perdida, aunque se dirija hacia algo más abarcador como la realización personal o el aprendizaje de lecciones de vida.

Esta pasión por el saber de toda psicoterapia envuelve una perspectiva del transcurrir psicoterapéutico como un paulatino develamiento de lo desconocido, de un descubrimiento, paso a paso, de los misterios que ignoramos, y del terapeuta como la imagen de Tiresias que pone en palabras lo que ya está a la vista (pero el común de los hombres no puede "ver") y que interpreta los signos que no se alcanzan a comprender, las "pestes" que no se pueden explicar.

En toda psicoterapia el paciente aguarda ayuda y curación. Se entrega a una relación asimétrica donde desnuda su intimidad en una coexistencia interpersonal abierta a la esperanza. Al terapeuta le corresponde la escucha, el cuidado, la asistencia, la dirección del tratamiento; al paciente, la confianza en recibir ayuda, el quehacer por sanar y el esfuerzo por querer saber más de sí mismo para hallar la felicidad.

Los valores por los cuales transita una psicoterapia son, entre otros, los de escucha, confianza, honestidad, seguridad, aceptación, compromiso, cuidado y respeto. Si estos valores no están presentes en la práctica del terapeuta, no hay que cambiar de técnica sino de terapeuta.

La psicoterapia como experiencia

Toda psicoterapia es una experiencia. Una experiencia de muerte y resurrección, en donde padecer la muerte propia y renacer no es tarea sencilla ni un caminar por un lecho de rosas. En síntesis, una experiencia mayéutica y transformadora, a veces doliente, pero siempre necesaria y que vale la pena ser vivida.

Al principio de la evolución los problemas del hombre consistían *casi* en los mismos que tenemos hoy, pero eran resueltos con otras herramientas. Su vinculación con la naturaleza era recóndita, su diálogo con ella frecuente, y la vida natural estaba animada, en su imaginario, de los ritmos y los dramas humanos. La tierra era una morada que proporcionaba alimento, contacto, protección y peligro, pero nunca algo impersonal o indiferente. Al pisar un suelo descampado, nuestros antecesores se conectaban con las voces de los ancestros de esa parcela y no con la idea de "¡cuánto terreno libre para hacer un *shopping*!".

A medida que la sociedad se fue complejizando, el hombre se fue distanciando de la naturaleza, perdió su sentido de unidad, pertenencia y arraigo con ella y, paralelamente, se fue descentrando de sí mismo. Al alienarse del mundo, simultáneamente se enajenaba de sí, al compás de la incorporación de necesidades artificiales; lo natural se volvía más incomprensible.

La consecuencia es que progresivamente el mundo dejó de ser un "otro" para convertirse en un objeto, una cosa para ser dominada, controlada y explotada. Del mismo modo, las personas se fueron convirtiendo en posibles relaciones de competencia, lo que conllevó el surgimiento de la codicia, el sometimiento y el dominio ["... *a llenarse de toda injusticia, malignidad, avaricia; henchidos de envidia, dados al homicidio, a contiendas, a engaños, chismosos"* (Pablo, *Romanos* 1:29)].

Esta pérdida de fluido contacto con su "centro", con sus raíces y con los semejantes, trajo como corolario que el hombre buscara sustitutos externos para compensarlo. El apego a lo externo produjo, entre otras cosas, la pérdida de la intimidad y el desarrollo de una actitud de intolerancia hacia lo diferente.

Cuando una persona se siente "una con el todo", segura de sí misma, confiada en la vida, cada parte del todo es importante. Cuando uno está desgajado del todo, sólo uno es valioso. Hasta tal punto esto es así que vemos todos los días que las diferencias se reprimen, con más o menos violencia, pero se reprimen. No se integra lo distinto, se lo suprime. La intolerancia se ha constituido en un flagelo muy significativo que consume muchas vidas a diario.

Hay una idea de Buda que vale la pena retomar: la incongruencia es el camino hacia la congruencia, el dolor hacia la alegría, la imperfección hacia la perfección, la enfermedad hacia la salud. Tal camino hacia la integración —vista como congruencia, alegría, salud, sabiduría, amor— se produce por un trabajo interior de contemplación, de hacer consciente lo inconsciente, de descubrir los mandatos del alma.

Pero si miramos a nuestro alrededor, lo que podemos observar es que hoy se busca lograr la unidad (entendida como uniformidad) por medio de la instalación de la creencia en un "pensamiento único", el uso de la manipulación, la fuerza y el poder, ya sean armas, amenazas, chantaje o culpa. Esto es debido, justamente, a la disociación del hombre y a su afán de codicia y de crueldad, que le impide conectarse con la experiencia esencial de la intimidad y el encuentro con el prójimo, que supone tanto no interferir como no dejar que el otro interfiera en los mandatos de nuestras respectivas almas.

"La esencia magnífica abarca todos los mundos y a todas las criaturas, buenas y malas; y ésta es la verdadera unidad" (les enseñaba el jasidista Baal Shem Tov a sus discípulos, en Oriente, en el siglo XVIII). *"Un mundo donde quepan todos los mundos"* (todavía reclaman unos indígenas mexicanos, en este siglo).

Al negarse a la propia experiencia de la intimidad y la unidad, el hombre termina por transformarse en su peor enemigo. Aunque parezca raro, es aquí en donde hay que buscar el origen de la psicoterapia: en la imperiosa demanda de volver a conectarse con la experiencia interior. Y es por esta razón, en parte, que manifestamos nuestra convicción de que la psicoterapia es una experiencia radical, en el sentido de que va a las raíces de la persona.

La psicoterapia es una experiencia de crecimiento

Hace muchos años (durante mi época de estudiante universitario) leí un libro, *El descubrimiento de la intimidad*, del escritor español López Ibor.

Estaba en una edad en la cual no podía asimilar todo su mensaje, pero creo que me marcó lo suficiente como para que hoy aflore su recuerdo en el desarrollo de mis ideas. Este libro plantea la misma preocupación sobre la cual estamos insistiendo: la experiencia interior. Experiencia que se vincula con el tomar contacto con la angustia existencial, esa fuerza transformadora de la vida, de la cual el hombre moderno trata de apartarse.

La negación a este contacto esencial es una negación al contacto con la intimidad. En la intimidad uno descubre la angustia, se enfrenta con la soledad, pero supera el aislamiento que provoca la disociación de uno mismo y del mundo.

José Saramago, en su novela *El año de la muerte de Ricardo Reis*, escribe:

> [...] la soledad no es vivir solo; la soledad es no ser capaz de hacer compañía a alguien o a algo que está en nosotros; la soledad no es un árbol en medio de una llanura donde sólo está él, es la distancia entre la savia profunda y la corteza, entre la hoja y la raíz.

Y Alejandra Pizarnik, a su vez, en "La palabra del deseo" dice:

> [...] La soledad no es estar parada en el muelle, a la madrugada, mirando el agua con avidez. La soledad es no poder decirla por no poder circundarla por no poder darle un rostro por no poder hacerla sinónimo de un paisaje. La soledad sería esta melodía rota de mis frases.

Al perder el hombre su centro, al sentirse aislado, al no recordar los caminos oportunos que debía explorar para alcanzar la experiencia interior, comienzan a surgir "espejos" que intentan devolverle, desde un lugar socialmente autorizado, el conocimiento de esta experiencia olvidada.

Así, aparecen los shamanes, los magos, los ancianos sabios, los hombres-medicina, los maestros, los confesores y los psicoterapeutas. Del mismo modo, nacen los mitos del héroe como modelo ejemplar de este recorrido (enfrentamiento con monstruos y descenso a los infiernos para resurgir purificado), y así nace, también, la psicoterapia como una institución cultural destinada a ayudar a quien sufre, no sólo a dejar de sufrir, sino a aprender a caminar el sendero del descubrimiento de la intimidad entre los repliegues del alma. [*"Es fácil y sencillo bajar a las profundidades del Averno, pues la tenebrosa puerta del sepulcro está abierta día y noche; sin embargo, el regreso hacia arriba, a la clara atmósfera del cielo, pasa por un sendero duro y doloroso"* (Virgilio, *Eneida*, VI, 126-129).]

Bien podríamos decir, entonces, que la psicoterapia es una experiencia de crecimiento y rescate de la intimidad perdida, de inmersión en el océano de nuestra sombra hasta las arenas de su fondo, para descubrir y rescatar los restos de lo que de nuestra vida naufragó a lo largo del tiempo.

Lo que implica este crecimiento

El crecer lleva a diferenciarse, a dejar de lado muchas cosas externas, a separarnos, a poner límites, a distanciarnos de personas que, tal vez, queremos y amamos pero que nos impiden vivir nuestras vidas de acuerdo con los mandatos de nuestras almas; en suma, a liberarnos del exceso de equipaje.

Éste no es un proceso que pueda ser vivido con total felicidad, sino que siempre hay una cuota de pena y dolor. Es difícil que otros acepten nuestro crecimiento personal, la autonomía, la libertad, que levanta, sin dudas, fantasmas de pérdida.

Nos guste o no, crecer lleva a la soledad y la soledad es un escándalo en nuestra cultura. Entraña arriesgarse a vivir la propia vida, arrojarse a un futuro incierto, dejando atrás lo que ya fuimos. [*"... hay un deseo de apostar a algo, / de provocar al mundo y a los seres. / Se trata de algo simple: uno está herido; / de algo grave también: uno está solo. / Una llama feroz, desconocida, / una culpa anterior, una desgarradura / nos incita a perdernos y a encontrarnos. / Es nuestra propia selva que reclama / por la fuerza animal de nuestra vida"* (Osvaldo Rossler).]

En esta dirección podemos concebir a la psicoterapia como una experiencia compartida de encuentro con la intimidad, con la mismidad, con la soledad. Una experiencia revolucionaria; una experiencia verdaderamente instauradora del sujeto.

Los terapeutas a veces "nos subimos al tren" de las mismas resistencias de los pacientes, porque cuando el paciente se encuentra, uno también se encuentra, cuando el paciente se enfrenta a la soledad, uno también lo hace; sin embargo, los terapeutas estamos acostumbrados y entrenados a pensar que el problema es del otro y a no reconocer que nosotros también huimos de lo mismo que huye el paciente.

Ser psicoterapeuta da la posibilidad de encontrarnos con nuestra propia intimidad, con nuestra propia soledad, con nuestra propia existencia. [*"En la sombra del otro buscamos nuestra sombra. / En el cristal del otro, nuestro cristal recíproco"* (Borges).] Es por eso que es tan importante, en lo posible, cuando se quiere iniciar un tratamiento encontrar a alguien que ya haya trabajado dentro de sí las resistencias que ahora nos toca trabajar a nosotros. Seguramente es una buena condición para ser nuestro guía en esta etapa.

Hablando de guía... En uno de los libros de Pathwork, *No temas al mal*, el Guía dice:

> *No cometan un error: éste no es un camino fácil. Pero la dificultad no es fija e inmóvil. La dificultad existe en una falsa creencia que está dentro de nosotros. Hay que cambiar esa creencia y luego será fácil decir adiós.*

Lo propio de la psicoterapia en la bipolaridad

En los pacientes bipolares podemos observar la insistencia de una serie de notas a tener en cuenta, en particular, que son como rocas que, por momentos, hacen los tratamientos muy dificultosos:

La dependencia

Los pacientes bipolares son propensos a establecer un vínculo de mucha dependencia con el terapeuta: lo colocan en un lugar de nutrición incondicional. Al ser, además, exageradamente susceptibles a la frustración de sus expectativas, todo señalamiento a la necesidad de no depender lo interpretan como rechazo, desengaño y abandono. *"No me aguanta más, me quiere sacar de encima"* es el pensamiento que, entonces, los invade.

Esta circunstancia torna muy difícil la tarea psicoterapéutica, ya que la dependencia se convierte en una resistencia muy intensa a la toma de conciencia y la modificación de pautas de conducta.

Frente a esta circunstancia el terapeuta debe ser cálido pero firme, no perdiendo de vista que, en este punto, se libra una acometida por parte del paciente contra la finalidad de la cura, lo que constituye un saboteo inconsciente a su propia aspiración de liberarse de la oscilación desmesurada.

La desvalorización

Los bipolares buscan encontrar en el tratamiento una cuota de satisfacción a sus necesidades, pero al mismo tiempo piensan que no podrán alcanzarla y que, si lo logran, no están en condiciones de poder aceptarla porque no la merecen.

Este tipo de mecanismos está emparentado con un nivel bajo de la estima que tienen de sí mismos, y aun en la manía no resuelven este problema sino que lo niegan. Traducido a temas terapéuticos, esto implica que sienten que no son merecedores de un tratamiento que les alivie su sufrimiento, que deben permanecer en la enfermedad, que están condenados.

Lógicamente, tal creencia conduce, muchas veces, al abandono del tratamiento ante la menor dificultad, el crecimiento de las resistencias ante las mejorías y el *acting out*. Esta última reacción, habitualmente agresiva, define una especie de cortocircuito de la impulsividad que puede estar indicando la imposibilidad o dificultad de una persona, ante la aparición durante un tratamiento de su sombra o lo reprimido, de pensar o fantasear en lugar de actuar. De modo que, el bipolar, puede hacer un *acting,* bajo la forma de crisis o reacción maníaca o depresiva, como forma de no enfrentar un conocimiento de sí o un progreso en su cura.

El rol del terapeuta

El terapeuta es para el bipolar, en primer lugar, una reproducción de sus padres infantiles. Así, el paciente intenta manipular al terapeuta con la finalidad de obtener de él afecto, reconocimiento y seguridad.

Melvin Zax afirma:

> Se espera, con todo, que el terapeuta no satisfará realmente sus
> demandas y que, en lugar de ello, se mostrará crítico y rechazante,
> sin dar más que una señal ocasional de aprobación. Al adoptar este
> punto de vista, el paciente hace que resulte difícil para él mismo ver
> las cosas en una nueva forma a través del terapeuta, y esto consti-
> tuye uno de los obstáculos más graves para la terapéutica.

Pero, por otra parte, el terapeuta se instala como el espejo que le
devuelve al paciente la imagen que no ve de él mismo y como un
maestro que lo orienta en su proceso de descubrimiento personal.
Dentro de esta línea y desde este lugar el terapeuta se convierte en
el "eje referencial vincular" transicional que le servirá de soporte al
paciente, hasta que éste logre construirlo dentro de sí como una función autónoma y estable. Además, el terapeuta tiene que desempe-
ñar una gestión capaz de poderle trasmitir al paciente, de un modo
honesto y congruente, la señal de aceptación.

Carlos Seguín describe esta señal del siguiente modo:

> Creo en usted, creo en su veracidad y su valor como ser huma-
> no. Estoy como nadie lo ha estado antes interesado en todo lo que
> le haya sucedido o le esté sucediendo y lo acepto como es, porque
> no hay nada pecaminoso, vergonzoso o despreciable en usted. Es-
> toy abierto a usted, no pido nada a cambio: ni amor, ni respeto, ni
> dependencia, gratitud o admiración. Lo aprecio por lo que es y lo
> recibo tal cual es, sin limitaciones de ninguna clase.

La inestabilidad

Ya hemos insistido en el hecho de que el paciente bipolar es muy
inestable, y por lo tanto su constancia en el tratamiento es muy du-
dosa. Siempre se encuentra al borde de abandonarlo, lo que hace a
todo el trabajo terapéutico una labor difícil.

Por esto es necesario instaurar el "eje interior" casi al inicio de cualquier tratamiento, y que el terapeuta sea la referencia inicial hasta que la persona pueda construir "relaciones de referencia" que le permitan anclar su oscilación a términos razonables.

La negación

En el paciente bipolar existen mecanismos de negación muy intensos que actúan como resistencia a la concientización psicológica necesaria y a la aceptación de la enfermedad. Esto complica las cosas, ya que sin una buena conciencia de enfermedad es bastante complejo llevar adelante un tratamiento.

Sin embargo, el entendimiento de que la negación pretende encubrir un dolor muy grande, una pena de amor vivida como desconsuelo, una herida imposible de cerrar, convierte a este mecanismo en una afirmación, por lo opuesto, de lo que se intenta tapar. Por este camino el terapeuta puede penetrar en esta coraza defensiva y mostrar al paciente que puede aceptar lo que niega y aceptarse con estos contenidos negados.

Orientaciones psicoterapéuticas

Existe un número muy importante de terapéuticas psicológicas que han demostrado bastante éxito en el alivio y la cura de los trastornos bipolares, como la psicoterapia cognitiva de Beck, la psicoterapia de Arieti y Bemporad, el psicoanálisis, el análisis transaccional, el psicodrama, la programación neurolingüística, la terapia gestáltica, la terapia de Arthur Janov, la terapia arquetípica junguiana, la terapia transpersonal, las terapias familiares, de pareja y de grupo, la terapia de regresión de memorias (TVP).

Aunque esta enumeración no es ni cercana a lo exhaustivo, no me preocupa, porque *lo importante no es la técnica elegida para tratar a un paciente, sino la actitud del terapeuta*. Un terapeuta con capacidad para comprender y actuar en consecuencia y con habilidad suficiente para flexibilizarse y utilizar todos los recursos necesarios de acuerdo con las circunstancias y las necesidades del paciente.

Tanto las técnicas como el terapeuta son instrumentos, ya que hay que recordar, como ya señalamos en *La bipolaridad como don,* que:

> El terapeuta rara vez cura, algunas veces alivia y más frecuentemente acompaña. En el acompañamiento adecuado del sufrimiento bipolar reside parte del buen recorrido de una psicoterapia. Del mismo modo, hay que reafirmar el hecho de que la técnica sana pero lo que cura es la relación. Esto comporta que el bipolar no debe buscar tanto una técnica en especial como a una persona-terapeuta capaz de asumir el compromiso real de ayudarlo. En esto reside el secreto de un "buen tratamiento".

Algunas estrategias terapéuticas concretas

Psicoterapia de pares

Desde hace algunos años se vienen realizando experiencias, en diferentes terrenos, de tratamientos psicoterapéuticos conducidos por un profesional que además de estar entrenado convenientemente ha transitado por la experiencia personal, en este caso, de la bipolaridad.

Existen varios antecedentes al respecto (especialmente en el campo de los duelos y las depresiones), y cuando una persona se encuentra ante la circunstancia de cursar un proceso bipolar, un par puede llegar a comprenderlo y ayudarlo fructíferamente.

Un término intermedio son los "consejeros", que si bien no poseen la calificación de psicoterapeutas, se han convertido en expertos en el tema de la bipolaridad y la consejería, y pueden prestar un valioso aporte a los pacientes en tratamiento. Muchas veces funcionan como "hermanos mayores" que los asisten en cuestiones concretas y los acompañan en actividades de la vida cotidiana.

He realizado la experiencia sistemática con pacientes en duelo a causa de una muerte inesperada de un ser querido, quienes, además del trabajo terapéutico, tenían asignado un consejero (ex paciente de duelo entrenado como consejero) y los resultados fueron muy alentadores. Del mismo modo, pero más aisladamente, he usado esta técnica con pacientes bipolares y pude apreciar el importante beneficio que les aportaba este complemento. Sin duda, pueden plantearse aquí algunos reparos, como la condición de estabilidad de un consejero bipolar, por ejemplo, pero con pacientes que han logrado trabajar su condición y la han transformado, esto es totalmente posible y representa para ellos una actividad de servicio.

Psicoterapia de grupo

En general, existe un criterio bastante difundido acerca de las limitaciones del trabajo grupal con pacientes bipolares a causa de la naturaleza de algunas de las características de funcionamiento de su personalidad en este contexto.

Se dice, por ejemplo, que sus frecuentes exacerbaciones, sus complicados vínculos, sus intensas transferencias, entre otros rasgos, hacen el trabajo grupal con ellos muy dificultoso.

La verdad es que el problema esencial está en la falta de modelos para abordar estas condiciones eficazmente y de capacitación especializada de los terapeutas. Lo cierto es que varias investigaciones han demostrado que esta práctica da un marco de contención y ayuda a la mejoría de los pacientes bipolares y que aumenta al agregarse técnicas dramáticas y de constelación familiar.

Hay, además, una serie de factores de compensación subjetivos a tener en cuenta: los pacientes se sienten pertenecer, tienen un espacio donde confrontar entre iguales los temas que les preocupan, pueden objetivar sus emociones al depositarlas en otros miembros del grupo; éste, a su vez, puede funcionar como red de contención en inicio de crisis, como contexto donde establecer vínculos interpersonales, cotejar y comparar experiencias...

Todas éstas son razones que inclinan a considerar que la psicoterapia grupal puede ser una herramienta de ayuda para el paciente, por sí misma o combinada con un trabajo personalizado.

Psicoterapia familiar

Ésta es otra herramienta vital. Es en el marco familiar donde la bipolaridad se gesta y donde el espectro bipolar se fragua para que algunos de sus miembros lo porten y sean los emergentes.

Esto significa que un bipolar es parte de una familia bipolar, aunque no existan manifestaciones aparentes de este tipo en la historia familiar. Sí suelen encontrarse ataques de pánico, conductas extrañas, neurosis de ansiedad, irritabilidad, dislexia, déficit atencional, epilepsia, pero, también, familiares con grandes logros profesionales, creativos, artistas y líderes.

De modo que en el enfoque familiar el trabajo consiste en revisar, en familia, su dinámica, su historia, sus conflictos, sus sueños, y también en apuntar a que todo el grupo se haga responsable de la enfermedad y no se continúe con el esquema del enfermo y los sanos. Esto implica promover en la familia despertar la solidaridad auténtica y comprender la conexión invisible que existe entre todos y cada uno de sus miembros. Pues tal como dice el poeta John Donne: *"La muerte de cualquier hombre me disminuye, / porque yo formo parte de la humanidad; / por tanto nunca mandes a nadie a preguntar / por quién doblan las campanas: / doblan por ti"*.

Ahora bien, el trastorno bipolar afecta no sólo al paciente sino a todo el entorno familiar y entre enfermedad y funcionamiento familiar hay una cierta interacción e influencia mutua. De modo tal que la labor terapéutica con la familia permite favorecer la evitación de recaídas, el mantenimiento de los tratamientos, disminuir el estrés y otros factores de riesgo que motivan crisis y, especialmente, facilitar la cura del paciente.

Psicoterapia interpersonal

Está basada en los principios ya expuestos y consiste en la relación individual del terapeuta con el paciente, vínculo que persigue el objetivo de que éste realice un proceso de introspección, cambio de historia, instalación del eje interior, diseño de un proyecto de vida, elaboración de sus dificultades y comprensión del sentido de sus síntomas.

Existen numerosas técnicas e instrumentos terapéuticos para aplicar en este ámbito, desde los más conductales y cognitivos a los más existenciales, pero no tiene mucho sentido enumerar o explicar aquí todas estas técnicas porque lo importante —ya lo hemos dicho— no es la técnica sino la relación.

Cuando uno tiene un problema de salud, como la bipolaridad, no debe buscar técnicas para sanarla, sino terapeutas para que lo empujen a despertar las fuerzas autocurativas; no debe buscar teorías explicativas, sino una persona que lo acompañe en el proceso de descubrir el sentido de su síntoma; no debe pedir sólo excelencia, sino calidad humana, ese especial talento que tienen ciertos sujetos de ser próximos y prójimos.

Herramientas psicoterapéuticas específicas

Estoy muy convencido de que el Psicoanálisis aporta una visión sobre el ser humano y sus conflictos muy global y muy útil a la hora de develar las razones de la gestación de la bipolaridad y de encontrar el significado de tal síntoma en la historia de una persona, y aún más. Al proponerse como un dispositivo dirigido a la construcción de

Sujeto sujetado a la ley del lenguaje, establece un punto de partida crucial que separa las estrategias terapéuticas centradas en el Yo y las estrategias centradas en el Ser; entre las que apuntan a la erradicación de los síntomas y las que encaran su esfuerzo en erradicar la ignorancia, lo desconocido, y liberar a la persona de la sumisión a su sombra; entre las que se plantean modificaciones conductuales y las que pretenden poblar de palabras el silencio de los síntomas.

Sin embargo, la mirada psicoanalítica puede enriquecerse con la inclusión de ciertas herramientas que como el Psicodrama, la Constelación Familiar, las tecnologías de la Psicología Transpersonal, la Terapia de Regresión de Memorias (TVP) y las técnicas de Imaginación Activa permiten ciertas operaciones muy puntuales que destraban situaciones que parecen fuertemente atornilladas y que inmovilizan al paciente en un bloqueo del cual no puede desertar.

Psicodrama

El psicodrama es un sistema terapéutico grupal, familiar o individual orientado a la expresión por la acción, basado en solicitar al paciente que dramatice de un modo espontáneo las situaciones de su vida (pasada, presente o futura) que quiere comprender y resolver. Estas situaciones pueden ser reales o imaginarias, conflictivas o no, escenarios que le provocan una importante respuesta afectiva o preocupaciones que quiere resolver o expectativas y fantasías que quiere explorar. De lo que se trata, en suma, es de una técnica que busca hacer evidentes, de una manera concreta y práctica, las interacciones habituales de una persona, haciendo que las escenifique y las observe, que indague acerca de cómo es y cómo desearía llegar a ser.

El creador de esta técnica, Jacob Moreno, parte de la idea de que las personas se ven envueltas en problemas en la vida a causa de que crean y desempeñan una serie de roles que pueden estar enfrentados entre sí. Y esto no sólo sucede en el exterior sino también en el interior de cada uno, y los roles contenidos y no expresados reclaman ser reconocidos y no cesan de presionar en esa dirección, lo que genera angustia, miedo, ciclicidad...

Frente a esto el grupo psicodramático se presta a ser un espacio propicio para investigar estos aspectos escondidos de nosotros mismos e incorporarlos a nuestra personalidad y a nuestra vida, para poder alejar de ellas la desintegración, el desequilibrio, la infelicidad y el sufrimiento.

¿Cómo se arma la escena psicodramática?

Debe desenvolverse en un ámbito adecuado para poder expresarse de un modo libre y seguro. Un sitio donde no importen los gritos, donde nada interrumpa, donde las personas puedan moverse con comodidad. En ese espacio se trabaja el aquí y ahora, en el sentido de solicitar que lo que se dramatiza se haga como si fuera la primera vez. El protagonista es quien está dramatizando su problema, tal como él siente que es, tratando de dejar atrás las barreras que pueden limitarlo, como la vergüenza, el pudor, o la preocupación por la imagen. Pueden incluirse en la escena dramatizada acompañantes que profesan los papeles que complementan la acción del protagonista. Por ejemplo, si un paciente está dramatizando una discusión con su esposa, una integrante del grupo puede jugar ese rol. Los restantes miembros del grupo, que no participan de la escena, son la audiencia y después del ejercicio pueden volcar sus impresiones, observaciones y vivencias. Ocurre, con frecuencia, que durante una dramatización algún "audiente" se "engancha" con ella y desde su lugar también comienza a ser parte de la escena. En algún sentido, resulta que todos los presentes son actores. Coordinando toda esta labor hay un facilitador de la dramatización, que es el terapeuta que regula y sostiene la acción.

Muchas veces el psicodrama ayuda a ver los propios problemas por medio de los ojos de otro, desarrollar la sensibilidad para ponerse en "los zapatos ajenos", liberarse del peso de equipaje del ayer, aprender a ser más espontáneo, facilitar los cambios, encontrar respuestas, no tener miedo a enfrentar situaciones...

> En el terreno específico de la bipolaridad es una enérgica, activa y eficaz técnica que brinda a los pacientes un buen camino para recuperar su balance y equilibrio. Existen algunos cuidados a tener en cuenta debido a la intensidad de las emociones que se levantan, pero mi experiencia personal es que aun en las mayores turbulencias emocionales el psicodrama, bien conducido, es una esperanza cierta en el alivio del padecer bipolar.

Constelación familiar

Esta técnica se ha popularizado, últimamente, gracias a los trabajos de Bert Hellinger, quien plantea que la tarea de constelaciones familiares consiste en una técnica de intervención diagnóstica y terapéutica, mediante la cual se explora y se reconstruye, con escenificaciones dramáticas, la imagen familiar interior de la familia, en el marco de la participación en un taller grupal que, dicho sea de paso, puede tener dimensiones numéricas significativas.

Gracias a este procedimiento se alcanza a observar y descubrir la biografía de la familia raíz de la cual se proviene y de la actual, en su estructura y su dinámica. Sus mandatos, creencias, lealtades, ligaduras invisibles, imagos dominantes, secretos; en suma, todos los procesos de constitución de la configuración familiar inconsciente.

Tal vez la novedad que nos trae esta propuesta no resida en su práctica, ya observada por las aplicaciones psicodramáticas a la terapia familiar, ni por las teorizaciones y fundamentos, que están presentes en el Psicoanálisis, la Terapia Sistémica y otras corrientes de abordaje de foco familiar, sino en la articulación de ambos aspectos en la práctica clínica.

Cada uno de nosotros —las tenga conscientes o no— ha vivido experiencias en la vida que han dejado marcas y huellas (algunas de ellas imborrables), que se expresan, posteriormente, como síntomas. La dramatización de las imágenes interiores de estas circunstancias alzan las fuerzas inconscientes que conducen a esa persona al padecer y a la enfermedad.

Ocurre, muchas veces, que estas "imágenes" ni siquiera son de la propia vida, sino que cargan las inercias de generaciones anteriores [*"Soy, pero soy también el otro, el muerto, / el otro de mi sangre y de mi nombre"* (Borges)], ya que todo lo pendiente del pasado familiar, todo aquello que no haya sido cancelado, todo lo que se haya quedado atrapado, es algo que posee un tendencia a la repetición, busca reaparecer para ser cancelado.

El porqué no podemos escapar a esta ley se debe a que los miembros, presentes y pasados, de una familia se encuentran entrelazados por una conciencia familiar o de clan regida por la ley de pertenencia que cumple con la función de garantizar que cada quien tenga su lugar en el sistema, es decir, que nadie sea olvidado, excluido, pero que tampoco nadie quede libre de los tributos que le toque abonar en el reparto.

Esta ley de pertenencia puede denominarse "amor primario" y es una energía que ata y garantiza que el nudo que une a la familia no se rompa. Esto hace que la familia se configure como una unidad de destino que exige lealtad y la responsabilidad de asumir el costo de las compensaciones por las injusticias, iniquidades e infamias que se hayan cometido en el seno familiar. Esta exigencia es de tal magnitud que los miembros de una familia pueden llegar a la enfermedad, el sacrificio o la muerte como precio para redimir los pecados del ayer.

En cada uno de nosotros la estructura familiar interior funciona como un guión que debemos actuar para pertenecer. Este guión es inconsciente y el Yo ignora las energías que lo dominan y de las cuales tiene que separarse para poder ser él mismo.

En el caso de los pacientes bipolares la posibilidad de trabajar, con este dispositivo, los esquemas familiares de sobredeterminación de la vida, les permite recuperar, para su conciencia personal, las vicisitudes de la biografía familiar, aun transpersonal, pagar las deudas que tenga que pagar, liberarse de las fijaciones del pasado, sanar las cicatrices de experiencias traumáticas y, sobre todo, comprender desde qué historias parentales provienen las causas que lo obligan a ir y venir de la depresión a la manía.

Tecnologías transpersonales

La Psicología Transpersonal nace como una exploración en torno de las fronteras que parecen poner límites a los seres humanos, la conciencia, la memoria, la muerte, la evolución, el espacio, el tiempo, y como un intento de desarrollar una serie de tecnologías de estados alterados que permitirían traspasar estas barreras e indagar dimensiones de la existencia hasta ese momento fuera del interés habitual de la Psicología occidental.

Estos estados alterados de conciencia, que reciben muchos otros nombres, tienen una serie de características como, por ejemplo, el borramiento de la percepción dual yo-mundo, que casi no puede describirse con palabras, una certidumbre de que lo vivido es real, trascendencia del tiempo y el espacio, la vivencia de que está aconteciendo algo especial y diferente de lo habitual, sensación de eternidad y pérdida del miedo a la muerte, desapego, cambio de valores, ciertas sensaciones desacostumbradas y cambios de la dinámica corporal que pueden ser registrados por aparatos médicos como el electroencefalograma.

Lo interesante del caso es que todos los estados alterados de conciencia (EAC) traen aparejadas modificaciones de la bioquímica cerebral y la estructura emocional de la persona que los practica. Mediante el ejercicio regular y guiado de algunas de las técnicas transpersonales se pueden conseguir importantes y estables resultados.

Hay un buen grupo de modalidades para generar EAC con fines terapéuticos, tales como la meditación profunda, la deprivación sensorial, la danza, la regresión, la hiperventilación y los sonidos de inducción, pero un método aplicable exitosamente a pacientes bipolares es la Respiración Holotrópica creada por el Dr. Stan Groff.

Regresión de memorias (TVP)

La Terapia de Vidas Pasadas, en el planteo que realiza el Dr. José Luis Cabouli en sus elocuentes libros sobre el tema,* sustenta la idea de que los síntomas son expresión de las emociones en las cuales estamos atrapados, y por lo tanto, cuando hacemos una regresión, no regresamos a ninguna parte, porque en el Inconsciente no hay tiempo, y que, además, el pasado es lo clausurado, lo que dejamos atrás; ahora bien, en la medida en que estamos fijados a algo que está condicionando nuestra vida, eso está presente hoy, no es para nada pasado.

En una regresión de esta naturaleza, no es importante quién fue uno, sino el tipo de inscripciones emocionales que nos detienen en nuestro crecimiento personal por no haberse podido elaborar en su momento totalmente.

Con este procedimiento, que no utiliza la hipnosis sino una técnica de inducción, se posibilita, de una manera suave, identificar y revivir, inclusive corporalmente, situaciones traumáticas que impiden abandonar patrones de conducta que provienen de repertorios de vida muy arcaicos.

---

* Los libros del Dr. José Luis Cabouli son: *¿Qué es la Terapia de Vidas Pasadas? - Técnica y práctica*, *Muerte y espacio entre vidas* y *La vida antes de nacer*, todos editados por Ediciones Continente. Aquellos que deseen profundizar en este tema pueden consultar: www.vidaspasadas.com.ar

En muchas oportunidades los pacientes bipolares que han realizado esta experiencia logran recobrar asertividad, equilibrio emocional, reconocer situaciones conectadas con su vaivén que tenían olvidadas o que no sabían que habían sucedido, pero, sobre todo, revivir intensamente algunas de las causas reales de su malestar y, gracias a ello, poder dejarlas atrás.

Técnicas de imaginación activa

El concepto de imaginación activa es muy amplio y abarca un conjunto de técnicas que tienen en común el hecho de que, por medio de la estimulación de la capacidad imaginativa concebida como un dispositivo dinámico, buscan fomentar el desarrollo personal, la exploración del pasado, del presente y del futuro, la integración de lo inconsciente a nuestra vida y la sanación de nuestros padeceres.

En mi trabajo con pacientes bipolares incluyo regularmente ejercicios con técnicas de imaginería (especialmente provenientes de la Psicología Transpersonal), visualización creativa, fantasía guiada y ensueño dirigido, con resultados muy positivos y alentadores. Algunas de estas técnicas luego pueden ser llevadas a cabo por el paciente de manera autónoma, en cualquier sitio que se encuentre y en el momento en que necesite de ellas para poder enfrentar un problema o aquietar las aguas de sus emociones.

Estas cinco herramientas que acabo de mencionar son un apoyo donde el "terapeuta guía" de un tratamiento bipolar puede sostenerse en ciertos momentos del proceso en los cuales necesita provocar algún efecto modificador importante.

A diferencia de lo que ocurre con el Psicodrama y las técnicas de imaginación activa (procedimientos que pueden ser establecidos como una indicación constante o por un cierto tiempo, más o menos prolongado), las otras son estrategias más restringidas en cuanto a su frecuencia y uso, por lo menos en el bipolar. El carácter dramático, conmovedor, inquietante y revelador que poseen hace que su empleo no pueda mantenerse con regularidad, en este caso, pero son prácticas que merecen ser incorporadas como alternativas dentro de la batería de recursos a los cuales acudir en ciertos y precisos momentos del proceso de sanación del paciente bipolar.

Final

La psicoterapia es una tarea de la vida. Ser terapeuta es un llamado a ocupar no un lugar técnico sino un puerto de embarque para iniciar la aventura de navegar por las profundas aguas del alma humana. Desde ese lugar uno imagina una ficción a la que da el nombre de *trama* (o argumento) para hacer comprensible y congruente la historia de un paciente. No es el personaje ni la historia lo que esencialmente interesa, ni las acciones que revelan acontecimientos traumáticos, sino la trama, ya que los personajes y sus sucesos son encarnaduras de la trama, que posee, además, un carácter arquetípico. (De paso, recordemos que la primera acepción de la palabra "trama" es: "el conjunto de hilos que, cruzados con la urdimbre, forman una tela".)

La trama revela las intenciones humanas, señala cómo los eventos de una vida se entrelazan y cobran sentido. La trama es la teoría del terapeuta, que como bien lo enseñó Sigmund Freud, está constituida por mitos.

La persona que busca ayuda psicoterapéutica acude con su historia a cuestas, o mejor dicho: con los *fragmentos* de su historia hilvanados con el hilo de sus síntomas. En lugar de poseer un sentido, dador y creativo, su vida se reduce a un texto de pérdida, abusos, fracasos, injusticias y mil y un padeceres. (Y la primera acepción de la palabra "texto", del latín *textum*, es "tejido, tela"...) Frente a su terapeuta la persona tiene la oportunidad de sorprenderse con una revelación: no es mártir de su historia, pero sí de la manera en la que la ha significado y entramado, y en suma, de la manera en que la narra. (Y aunque no deseo atosigar con la etimología, tengamos en cuenta que, además de la significación que se le da actualmente, la palabra "mártir", de origen griego, significa "testigo"; por lo tanto, en la terapia se puede, en todo caso, dejar de ser mártir en un sentido para devenirlo en el otro: en el de propio "testigo" ocular que logra ver, *in situ*, lo que está realmente sucediendo en su Inconsciente.)

El paciente bipolar tiene una historia, la propia, que participa de las regularidades de una biografía que trasciende su singularidad y se hace común del universo bipolar. Una historia donde los eventos en los cuales participó, sufrió o padeció se deslizan por el desfiladero de la desdicha. Ésa es la creencia que lo amarra. Sin embargo, en el encuentro terapéutico, puede reinventar los hechos y transformarlos en experiencias, y un suceso se hace experiencia cuando se asimila internamente y se lo transforma en el crisol de la imaginación creativa.

Prisionero de una narración escrita por otro, el bipolar debe recuperar el timón de su vida. Necesita un espejo que le devuelva la serenidad y la oscilación proporcionada que ha perdido, que le muestre que no hay necesidad de temer que el amor y el odio se rocen y hasta se abracen.

Es decir: el bipolar necesita de un terapeuta que sea una presencia solidaria y recíproca, real y participativa; una presencia humana, capaz de ser portavoz de lo que no tiene voz en su conciencia, de ayudarlo a reencontrar el sentido perdido de su existencia, y un coautor con quien escribir una nueva, pero vigorosa y sana, versión de su vida.

Capítulo IV

DESPLEGANDO LOS TALENTOS CREADORES

A veces en las tardes una cara
nos mira desde el fondo de un espejo:
el arte debe ser como ese espejo
que nos revela nuestra propia cara.

Jorge Luis Borges

Hemos adelantado algunas ideas en torno de la vía creativa en el trabajo bipolar en capítulos anteriores. El nudo de todas ellas pasa por comprender que para que una persona sea auténticamente creativa debe aprender a crearse, primero, a sí misma. Que la creatividad es inherente a la naturaleza del hombre y que dejarla fluir libremente nos permite ser plenos, genuinos y desplegar nuestros talentos dormidos.

Por lo tanto:

> *¿Quiere ser usted mismo? Sea creativo.*

Al respecto Rudyard Kipling dice que *"cuando el daimon* [espíritu creativo] *toma las riendas uno debe dejar de pensar conscientemente y debe limitarse a dejarse llevar, esperar y obedecer"*. En suma, que crear es poder pasar a la dirección intuitiva de la vida, dejar de lado el control de la razón, aventurarse a que lo inconsciente hable, que los sentidos exploren los matices, que la imaginación participe activamente de la vida.

Cuando esto se hace posible, la persona adviene a un nuevo estado de conciencia que paulatinamente se va convirtiendo en un modo natural de ser y actuar. Pero para que esto ocurra hay que trabajar para modificar ciertas condiciones subjetivas y objetivas que se lo impiden; recorrer un camino en el cual se van superando los obstáculos emocionales (temores, angustias, miedos, desvalorización) y materiales (falta de experiencia, desconocimiento de técnicas concretas de la labor creativa, etc.). Entre uno y otro aspecto se genera una interesante interacción, ya que venciendo las trabas internas se puede ser más expresivo, al alcanzar mayor expresividad aumenta la estima y esto, a su vez, se traduce en más libertad creativa. Pero ¿cómo cultivar esta libertad creativa? ¿Qué semillas hay que sembrar para engendrar esta mudanza en una persona bipolar?

En este sentido proponemos fomentar tres artes: *el arte creativo*, *el arte expresivo* y *el arte de los sentidos*. Estas artes se entrecruzan, unas con otras, y no es sencillo deslindar el campo de cada una de ellas. La separación que hacemos aquí es a los efectos de potenciar lo que cada arte aporta y sus diferencias de enfoque, pero, en la práctica, las tres están sólidamente conectadas y en alma de quien las experimenta terminan fundidas en un mismo suelo común: imaginación, intuición, sensibilidad...

1. El arte creativo

Ser creativo es ya de por sí, todo un arte. El "arte magno" para la bipolaridad, ya que está incrementado por la intuición, la curiosidad, el pensamiento lateral y en imágenes y la oscilación, cualidades propias del bipolar.

Ser creativo es ser capaz de imaginar lo que no existe en la realidad, y es tener, luego, el poder de fecundarla y engendrar la existencia de algo nuevo en ella. Por eso la creatividad es originalidad, invención, innovación, primicia, novedad, descubrimiento, renovación, la cuna de la sabiduría y el sendero por donde se realiza el auténtico aprendizaje. Ser creativo es haber aprendido a pensar libremente con todos los recursos de que el alma y el cuerpo disponen.

Las personas bipolares suelen ser sorprendentes: alcanzan soluciones de problemas por vías inesperadas. Su capacidad para ponerse, mentalmente, en lugares distantes unos de otros, de invertir situaciones, de pensar en imágenes las lleva a un tipo de respuestas desconcertantes para los otros, pero que no constituyen una falla sino un proceso de elaboración diferente del analítico. Y esto significa que el bipolar es más creativo y mucho más veloz en llegar a conclusiones que el promedio, pero dado el tipo de condicionamientos que recibió en su infancia (sobre el cual ya hablamos), éstos lo han estancado y lo han llevado a estructurar la oscilación como un mecanismo inadecuado de funcionamiento en su vida y sus emociones.

Entonces, operativamente, por *creatividad* podemos entender la capacidad de dar origen a cosas nuevas y la capacidad de encontrar distintas y mejores soluciones. Y para que esto se materialice se necesita el dominio de ciertos poderes personales: fantasía, sensibilidad, capacidad para descubrir relaciones no evidentes entre las cosas, intuición, imaginación activa, audacia y pensamiento lateral.

Algunas personas disponen de un don creativo natural, tienen como un carisma sobresaliente y son grandes "creadores". Pero todos disponemos de ciertos talentos que podemos hacer crecer no para ganarnos un Nobel, precisamente, sino para embellecer nuestra vida y la de nuestros semejantes. Porque —como bien dice Borges—: *"La belleza no es privilegio de unos cuantos nombres ilustres".*

Una opción para cultivar la creatividad son los *talleres creativos* que despiertan y hacen surgir una serie de cualidades: versatilidad de pensamiento, intuición, imaginación, percepción, confianza en sí mismo, independencia, tenacidad, flexibilidad, amplitud de miras, valor, firmeza, decisión, ambición, autocrítica, pasión, entrega, capacidad de síntesis, fluidez asociativa, autorrealización y equilibrio.

Con todos estos beneficios en puerta uno se podría preguntar por qué la creatividad no ocupa un lugar más sobresaliente en nuestra cultura y en los tratamientos terapéuticos. Es que la sociedad y los terapeutas sobrevaloran la información en desmedro del aprendizaje y el aprendizaje por sobre el "saber pensar" *autónomamente*, que equivale, aquí, a ser creativo.

> La creatividad es lo contrario a la repetición y la masificación. Y el particular modo de organización que impera en la salud y la educación es, justamente, la defensa de los valores contrarios: no hay personas sino "casos clínicos", no se está ante un ser atormentado y sufriendo, sino ante "un bipolar tipo II". Sin embargo —tal como afirma la medicina natural—: *no hay enfermedades sino enfermos.*

Cómo desarrollar y educar la creatividad

Entonces, sí es posible desarrollar la creatividad en una persona, ya que se trata de una cualidad propia de la naturaleza humana, una nota existencial de todos los hombres.

Crear es muy cercano al concepto de criar, que implica cuidado, alimentación y educación. Y de esto se trata: la creación es una disposición universal que, como las plantas, necesita riego, abono, sol y aire para fructificar y florecer.

Claro está que es diferente un niño que un adulto. Cuando se estimula la creatividad en los niños el resultado es la formación de adultos plásticos, tanto en el cuerpo como en su psiquismo y sus relaciones, sin temor a experimentar o aventurarse por senderos desconocidos, imaginativos, asertivos y con un gran nivel de sana autoestima.

Pero no es esto lo que nos toca asistir en la clínica. Por el contrario, en general, escuchamos a adultos que necesitan, a causa de su padecer, desplegar ciertas virtudes que la creatividad puede proporcionárselas.

Algunas de ellas son:

- *Disciplina*, ya que, en la vida, se necesita tanto inspiración como transpiración; más aún: muchas veces transpirando se genera la inspiración.
- *Conocimiento* de uno mismo, de sus intereses, deseos, límites, posibilidades y habilidades.
- *Confianza en sí mismo*, que incluye valoración personal, entusiasmo, constancia, seguridad, placer.
- *Confianza en lo que se produce*, sentir que vale la pena.
- *Conexión con su sombra*, dejando que la intuición, también lo guíe.
- *Claridad de objetivos*.
- *Espontaneidad*, aceptando el poder del aquí y ahora y conectándose con su niño interior.
- *Introspección, quietud, soledad, concentración, contemplación*.
- *Balance*: ser capaz de llegar hasta los límites pero poder volver al centro de sí mismo.

Para esto hay un gran número de técnicas que se utilizan en los talleres creativos, tales como formular preguntas, armar un discurso sobre un tema fantástico o absurdo, la lluvia de ideas, romper estereotipos, hacer familiar lo extraño, ejercitar la analogía, expandir los sentidos, estímulos musicales y/o visuales, planteos paradojales, etcétera.

¿Qué es lo que se pretende romper con estas técnicas? Los comportamientos obsesivos, los hábitos rigidizados, la rutina, la resignación, la pasividad, el miedo a lo desconocido, la resistencia a la aventura y la exploración, el miedo al fracaso y la frustración, el embotamiento de los sentidos y la imaginación, el exceso de exterioridad que no permite el trabajo interior y el descubrimiento de la intimidad, la falta de placer en el hacer, el desequilibrio emocional extremo o su opuesto, la inafectividad.

En síntesis, la creatividad es un don que hay que aprender a dominar. El dominio de este talento sólo se consigue por medio de la experiencia. A ser creativo se aprende creando, y cuando este aprendizaje está interiorizado, comienza a funcionar como parte de la personalidad y en todos los planos de la vida. Una persona creativa pone su bipolaridad al servicio de su producción, mientras que un bipolar ha bloqueado su creatividad, es prisionero de sus miedos y sus antagonismos.

2. El arte expresivo

El arte expresivo es capaz, por sí mismo, de hacer evidentes los rastros de las heridas que causan nuestros sufrimientos. No siempre resulta fácil poder acceder a ellos, especialmente si se trata de huellas muy antiguas de nuestra biografía o que pertenecen a la memoria ancestral o familiar. En estos casos, se localizan muy escondidos y sepultados tras marañas de recuerdos y olvidos encubridores.

Nada se puede sanar si no se vive primero intensamente y nada se puede sanar en ausencia. Ningún atolladero puede ser resuelto en la medida en que no se saca a la luz, ninguna emoción en la cual estamos atrapados se elabora mientras no se pueda revivir.

Claro está que enfrentar estos contenidos reprimidos dolorosos conlleva avivar resistencias que se oponen a esta labor y ocurre, en ocasiones, que los obstáculos se hacen más fuertes a medida que nos aproximarnos a la herida del Alma. A pesar de ello, en la vida cotidiana, las emociones sofocadas retornan en toda oportunidad que se les hace viable, como sueños, como vínculos tormentosos, como síntomas y como actos fallidos.

Frente a la oposición a expresarse que florece en el paciente, a medida que prospera su cura, se le plantea, entonces, al terapeuta, un problema clínico: no debe transigir con ella, pero tampoco puede obligar al paciente a ejercer un esfuerzo que parece estar más allá de sus posibilidades actuales.

Qué hacer para que lo escondido se exprese

Hay cosas que no se pueden decir abiertamente de un modo directo o que no resulta fácil ponerlas en palabras. En ocasiones, esto es a causa de que recordarlas resulta cruel y lacerante; en otras, es el no hallar términos suficientemente gráficos para poder describir lo que se siente [*"Para que las palabras no basten es preciso una muerte en el corazón"* (Alejandra Pizarnik)]. No podemos dar en el clavo con la forma de traducir y comunicar, acabadamente, nuestra alegría, nuestra tristeza, nuestra angustia o nuestro amor. [*"No puedo hablar para nada decir. Por eso nos perdemos, yo y el poema, en la tentativa inútil de transcribir relaciones ardientes"* (ídem).] Inclusive, la complejidad de una situación, muchas veces, torna ardua su explicación.

Uno se pregunta: *¿Por dónde empezar?*

En esos momentos cuando la expresión verbal está bloqueada se puede recurrir a caminos sustitutivos, como el arte, con la intención de encontrar por este medio una vía para que los afectos bloqueados se expresen.

Pero, del mismo modo como el arte (en cualquiera de sus manifestaciones) puede cumplir la función de desbloquear afectos dentro de un proceso terapéutico, es en sí mismo una actividad que todo paciente bipolar debería practicar regularmente, no sólo para canalizar energía, sino sobre todo para despertar y descubrir sus talentos, educar su sensibilidad y sus sentidos y fortalecer su autoestima.

El arte expresivo es una manera de penetrar en la sombra inconsciente de cada persona, y hacer surgir los secretos, conflictos, miedos y deseos que se plasman en la producción; también es un medio para equilibrar emociones.

Carlos Bayod Serafini afirma:

> El arte es el puente entre el Yo profundo y la mente que lo lee, estimulada por ese Yo profundo que se conoce globalmente a sí mismo. Éste se enfrenta a las presiones del entorno y genera como respuesta, a través de la fijación en el tiempo, unas sensaciones expresadas por medio de su obra. Se crea una salida equilibrada parecida a la transmutación alquímica.

¿Cómo hacerlo?

Hay dos modalidades extremas de trabajo con las técnicas artísticas. La primera es promoviendo la expresión libre; que el paciente se conecte con su intuición, con sus vivencias, con sus sentires y estimularlo a que los deje fluir libre y espontáneamente. La segunda, desarrollando una actividad guiada en la cual se le propone a la persona ciertos materiales, ciertas técnicas y ciertos objetivos.

Mi experiencia con bipolares es que hay que seguir un camino intermedio entre ambas propuestas y combinar las inclinaciones de los pacientes con ciertos objetivos que se quieren alcanzar, ya que los talleres dirigidos terminan por regenerarles rechazo y aburrimiento, y los totalmente libres, desorientación y angustia.

Independientemente de la metodología adoptada, los elementos empleados y los resultados obtenidos, lo que no hay que perder de vista es que esta propuesta de actividad artística no es en pro de la belleza sino de la expresión, de la proyección del mundo interior del bipolar en la obra y el despliegue de sus potencialidades.

De tal manera que la evaluación que se hace (en caso de hacérsela) de la obra no consiste en otra cosa que en una reflexión sobre lo que el paciente puso allí de sí mismo y qué sintió durante el proceso y qué siente ahora al visualizar lo realizado.

Es interesante ver cómo el paciente bipolar (y, creo, cualquier paciente de cualquier índole) va mejorando de manera notable a medida que puede crear cada vez más espontánea y libremente, y esto no ocurre sólo a causa de las modificaciones que se operan en las diferentes esferas psíquicas (autoestima, capacidad expresiva, imaginación, asertividad, comunicación), sino que también la actividad artística produce efectos sobre los neurotransmisores, el equilibrio hormonal, el sistema nervioso autónomo, el sistema inmunológico y la actividad circulatoria. Todo esto conlleva mejoras en la bipolaridad, es decir, en el desbalance emocional de la persona, e implica además el poder hallar un mecanismo para modelar y significar las experiencias de su vida con mayor plenitud y animación.

¿Con qué herramientas?

Sin que esto sea exhaustivo, vamos a mencionar aquí algunas de las herramientas artísticas que pueden plantearse como actividades para el paciente bipolar. Ellas son: baile, canto, ejecución de un instrumento, escritura, narración, teatro, expresión corporal, plástica y artes manuales.

Baile

Desde la más remota antigüedad en todas las culturas el baile ocupó siempre un carácter festivo y ritual; incluso, muchas veces, el baile como ritual tenía una finalidad curativa. Desde hace bastante tiempo un grupo de terapeutas recurren al baile como una técnica sanadora ya que proporciona, por una parte, una comunicación estrecha entre mente y cuerpo, y por otra, una vía de expresión de pensamientos y emociones. El cuerpo habla en el baile, narra una historia, hace visibles nuestros conflictos y nuestros deseos. [*"En el agua de tu bata / todas mis ansias navegan: / rumbera buena, rumbera mala..."* (Nicolás Guillén).]

En el bipolar hay además una dimensión del baile muy significativa: *el otro*, ya sea una persona o un argumento que se está dramatizando. He aprendido, a lo largo de los años en mi práctica con estos pacientes, que el baile es —al visualizarlo ellos como una interacción— un excelente medio para que puedan instalar el "eje interior". El baile obliga a "estar con el otro", a realizar movimientos rítmicos y proporcionados, no sólo en sí mismos, sino en vinculación al otro, y lleva a dialogar con el otro, aunque en silencio en este caso.

Más allá de los beneficios que el danzar proporciona en lo físico (flexibilidad, equilibrio, dinamismo), en lo psíquico (liberación, desarrollo de la fantasía, equilibrio de opuestos de la personalidad) y en lo relacional, también aporta diversión y alegría, una conexión intensa con la fuente de placer, estimula la creatividad, ayuda a quemar excedentes de energía y aleja la depresión. Pero hay tres aspectos muy puntuales que vale la pena destacar: la danza mejora significativamente la imagen corporal, da una más estrecha vinculación entre la vida personal y la vida corporal y, finalmente, contribuye a la educación de la comunicación no verbal.

No es importante bailar bien, pero a medida que se progresa en esta práctica la persona va desarrollando una destreza que aumenta su autoestima, y cuando logra incorporar "figuras de baile" en una coreografía propia, esto le permite disminuir su desbalance al incrementar su capacidad de oscilar dentro de ciertos límites.

Es común ver que la torpeza bipolar impide, al principio, una buena coordinación en el baile. En realidad, no es que "porque soy torpe no puedo ejecutar bien los movimientos"; en realidad, se trata de esquemas mentales de confusión, que poco a poco se van modificando. Y la capacidad de bailar mejor no sólo tiene que ver con la práctica, sino con el adelanto en el ir sanando internamente estos patrones asociados a la oscilación. (En el yoga, por ejemplo, no se logra aquietar la mente porque se ha logrado *antes* efectuar bien las posturas, sino a la inversa. Y en el tiro con arco, la flecha da en el blanco cuando uno *deja de obsesionarse por lograrlo* y se entrega confiado y gozoso al proceso de dispararla, y no al afán de virtuosismo ni al miedo y la vergüenza de fallar. El maestro arquero acierta el blanco con los ojos cerrados...)

Hay danzas, como la clásica o la meditativa, en donde el movimiento, la respiración y la conciencia se encuentran muy unidos y en donde la conciencia corporal es muy intensa. Otras, como el *country* en línea, por ejemplo, brindan una dimensión de actividad lúdica compartida en grupo; otras, como el tango, son más de pareja pero individualistas y narrativas de mucha intensidad. Por mi parte suelo recomendar la salsa, pero cada quien tiene que encontrar la que pueda resultarle más atractiva y con la cual se puede identificar más cabalmente; en suma, la que le provoque mayor placer y posibilidad de expresar sus afectos.

Canto

El canto constituye otra herramienta expresiva muy importante y, si bien puede ejercitarse de manera individual, en el caso de los bipolares son recomendables los coros o la actividad en grupo. Al igual que la ejecución musical y el baile, el canto proporciona expresión, autoestima, ritmo y una significativa sensación de orden y seguridad, con todos los beneficios que esto conlleva en la oscilación.

Usualmente los pacientes nos dicen que no tienen voz, o frases tales como: "soy duro de oído", "no afino ni una nota". En realidad, si bien hay personas que tienen talentos especiales en esta área, todos podemos educar nuestro oído y nuestra voz. Esto implica, además, ampliar nuestros registros sonoros y la posibilidad de aprender a modular y distinguir tonos; a su vez, esto se relaciona con la necesidad que tiene el bipolar de incluir gradientes.

Ejecución de instrumentos

Unos de los tipos de instrumentos más recomendados para el trabajo terapéutico con bipolares son los de percusión, dado que sus vibraciones ejercen una influencia psicofísica muy importante. Así, por ejemplo, el tambor produce cambios en las ondas cerebrales que pueden llevar tanto a la relajación como a estados alterados de conciencia, según como se lo ejecute.

He podido comprobar que las pulsaciones de los instrumentos de percusión, los repiqueteos y sacudidas rítmicos proveen al bipolar de un cierto ajuste de sus ciclos; incluso, muchas veces, pacientes a los cuales les había dado la consigna de "tener tambores en casa", recurriendo a una sesión hogareña de tambor, podían llegar a conjurar un estado de desequilibrio que se avecinaba. Pero, además, la percusión permite cierta descarga agresiva y de hostilidad que de otro modo podría llevar al bipolar a conductas inapropiadas o llenas de irritación.

Escritura

Escribir, poner en blanco y negro lo que se siente, lo que se vive, lo que se percibe, no deja de ser una manera de aprender a saber más de uno mismo y poder establecer la capacidad de postergación de las demandas emocionales. Los talleres de escritura (en donde se va despertando esta capacidad), el hecho de ir incorporando palabras, ordenar las ideas al escribirlas, etc., son todas experiencias que ayudan mucho al balance emocional del bipolar.

Hay varios ejercicios concretos, como pedirle al paciente que escriba un diario, o cartas a ciertas personas que puede haber dañado o a las que no les expresó sus sentimientos, o que describa sus experiencias afectivas, o un relato cuyos personajes reflejen aspectos diferentes de su personalidad, o narre relaciones afectivas diversas. Pero, independientemente de la forma que adopte su escritura, el mero hecho de escribir puede resultar —sobre todo, en aquellos bipolares que prefieren este tipo de expresión de su interioridad—, un buen ejercicio para desbloquear emociones, clarificarlas y confrontarlas, a los fines de ir integrando aspectos desencontrados de su personalidad.

En otro orden, el escribir, como el dormir, disminuye el estrés y ayuda a resolver problemas. De manera que constituye una vía alternativa de descarga y de canalización de la ansiedad y también de los temores más recónditos. Alejandra Pizarnik, por ejemplo, confiesa: *"Escribo contra el miedo. Contra el viento con garras que se aloja en mi respiración"*. Y un personaje de Woody Allen (¿su álter ego?) dice: *"Escribo para no morir"*.

Narración

De la misma forma, el estimular al bipolar a narrar historias le da una gran capacidad para aprender a manejar los tiempos, ordenarse mentalmente y modular contenidos, experiencias todas éstas que ayudan muchísimo a modificar sus funcionamientos mentales y afectivos.

Más allá de que el paciente pueda participar en grupos donde se desarrolla esta técnica, resulta interesante señalarle algo que queremos que aprenda en cuanto a la narración en sí y, también, solicitarle que invente (o bien, lo asocie con su propia vida después de terminarlo) algún cuento para hacernos conocer algo que le preocupa o hace sufrir y que no logra terminar de expresar. Por ejemplo, por mi parte, suelo hacerles leer a mis pacientes un libro de ciencia-ficción, *El mago de Terramar*, de Úrsula Le Guin, cuando quiero que comprendan cómo afrontar sus miedos y las cosas ocultas que no se atreven a enfrentar, y luego les pido que los narren y comenten en sesión. Para este trabajo, también son muy recomendables los cuentos sufíes por las reflexiones e introspecciones que se suscitan a partir de su lectura, lo que los ha llevado a convertirse en muy buenas herramientas (de las cuales solemos echar mano terapeutas de distintas procedencias).

Conviene recordar que —como dice Clarissa Pinkola en *Mujer que danza con lobos*—:

> Los cuentos son una medicina. Tienen un poder extraordinario. No exigen que hagamos, seamos o pongamos en práctica algo; basta con que escuchemos. Los cuentos engendran emociones, tristeza, preguntas, anhelos y comprensiones que hacen aflorar espontáneamente a la superficie el arquetipo.

Teatro

Otra herramienta vital para el bipolar es el participar en grupos de expresión teatral. Al hacerlo el paciente aprende a vencer miedos y vergüenzas, desarrolla su expresividad, hace crecer su estima personal y su autoafirmación. Además, le permite escenificar en un juego dramático situaciones arquetípicas de la vida que le facilitan el aprender a manejarlas en su propia historia, le da orientación espacial y temporal y conexión con sus propios afectos.

Aquí no se trata, por supuesto, de una experiencia psicodramática, porque no persigue el objetivo terapéutico explícito ni se realizan interpretaciones de lo personal en relación a lo actuado, pero esta técnica ejerce una acción curativa inconsciente que es digna de tenerse en cuenta. El simple hecho de poder modelar la resolución de una situación que se observa en un taller dramático, o el darse cuenta de que así como hay un guión que se actúa y un argumento que se consolida a lo largo del tiempo en un escenario, así también en la vida de cada uno hay "libretos" que aprendimos en la infancia y que actualizamos permanentemente en la trama de nuestra existencia y en el contexto de nuestras relaciones; esto, ya de por sí, es suficiente beneficio para el paciente bipolar. Un beneficio que se agrega a los demás mencionados.

Expresión corporal

Otro recurso muy útil es la expresión corporal, que consiste en una técnica en la cual a partir de estímulos sonoros (por ej., una melodía) la persona deja que su cuerpo vaya expresando lo que esa música le hace resonar en su interior. A diferencia del teatro, aquí no hay palabras y no hay argumento: sólo el cuerpo expresando artísticamente las emociones que lo que escucha le evoca. [*"Todo se articula en el cuerpo cuando el cuerpo dice la fuerza inadjetivable de los deseos primitivos"* (Alejandra Pizarnik).]

En oportunidades, cuando el paciente se encuentra bloqueado o contenido, recurro a esta técnica en una sesión. Pero lo habitual es que el paciente participe de un grupo de expresión corporal con un facilitador especializado en el tema.

Plástica

Pintar, dibujar, esculpir, cerámica o cualquier otro procedimiento de esta naturaleza conforman valiosos instrumentos para incorporar en el PLAN de VIDA del bipolar. A veces, ocurre que el paciente tiene un entrenamiento o una disposición hacia alguna de estas prácticas en especial, pero en otras ocasiones esto está ausente y es entonces cuando hay que descubrir cuáles afinidades plásticas están más en sintonía con la persona y estimularla a llevarlas a cabo.

Sin embargo, y con total independencia de las aptitudes, el trabajo plástico merece un lugar especial entre los soportes de recuperación del paciente bipolar. En él se reúnen varios elementos, como el manejo de las formas y el espacio, la expresividad, el balance, la labor manual, el estímulo de la imaginación, entre otros.

Otro hecho a tener en cuenta es que en las artes plásticas se puede ir explorando el modo como vamos volcando nuestro mundo interior en la obra. Así, por ejemplo, hay personas que en la pintura comienzan por los bordes, con mucha fuerza, y cuando se van acercando al centro van perdiendo intensidad y firmeza. Así en la pintura y así también en su vida.

Artes manuales

Finalmente, hay un conjunto de artes manuales —por darles a éstos un nombre— que, como la jardinería, puede ser una actividad que aporte una serie de virtudes al paciente bipolar. Cuidar una planta, hacer un jardín requieren de imaginación, sensibilidad y constancia. No es exagerado afirmar que, cuando un bipolar ha hecho florecer un jardín, es capaz, entonces, de hacer florecer sus relaciones también. La jardinería permite desarrollar el cuidado, la introspección, la discriminación, los gradientes, al mismo tiempo que es una tarea en donde se está al aire libre y al sol. Pero, especialmente, da una noción fecunda de la sucesión de ciclos armoniosos. (*"¿Tiene uno, como la Naturaleza, sus estaciones, sus ciclos de vida?"* —se pregunta Jaime Sabines—.) Una buena metáfora de lo que el bipolar debe aprender.*

Claro está que no siempre se puede acceder a esta práctica, ni todas las personas disponen de un terreno donde construir un jardín, pero existen, en general, en los Jardines Botánicos de una ciudad, cursos a los cuales el paciente puede asistir y desplegar por un tiempo esta actividad.

También incluimos aquí todas aquellas otras actividades donde se meten, *literalmente*, "manos a la obra" para modelar la materia externa y crear un nuevo objeto (al mismo tiempo que se va trasmutando la materia interna, como hacían los alquimistas...).

En síntesis:

---

* Enrique Mariscal desarrolló un esquema de trabajo en *Manual de la jardinería humana*, en donde realiza una bella comparación entre el desarrollo personal y el de la naturaleza.

Si usted es bipolar, baile salsa (o el ritmo que prefiera), cante solo o en un coro, toque tambores, dramatice, pinte, ocúpese del jardín... Al tiempo, va a poder apreciar lo bien que estas actividades le hacen.

Oscile sin miedo, y mientras oscila, vaya desplegando su capacidad artística y se sentirá feliz.

3. El arte sensorial

Hace unos años conocí el trabajo de Carlos Bayod Serafini en torno de lo que él llama *la sensología* o *arte de sentir*. Al principio, muy tímidamente, comencé a practicar su método en pacientes bipolares y, a poco de andar, pude verificar cómo el desarrollo de la sensorialidad —tal como él propone— ayuda a integrar polaridades y a desarrollar el don de gradientes o matices, a la par que contribuye a que el bipolar recupere su eje interior perdido. Por otra parte, el modelo que Bayod Serafini propone es bastante concordante con los pilares del modelo teórico con el cual trabajo en la clínica.

Bayod Serafini plantea ciertas condiciones básicas para el crecimiento sensológico tales como:

- desarrollar los canales de la sensibilidad, por los cuales se expresa y recibe información;
- conocerse a través de la percepción sensológica de sí mismo;
- vivir a los congéneres a través de percibirlos con los sentidos;
- adquirir un conocimiento profundo del entorno por medio del recurso sensológico.

Los elementos de expresión con los cuales se trabaja en el aprendizaje sensológico son distintos tipos de texturas, sabores, olores, sonidos, grafismos, palabras, color, formas, categorías de espacio y de tiempo, entre otros.

Con todos estos recursos se trata de ir incorporando sensaciones, generando sinergias de sensaciones acopladas y estableciendo escalas de gradientes cada vez más finos. Lo que se busca con esto es permitir que el paciente se vaya deteniendo en los "intermedios" y que no pase de un polo al otro sin transición.

Ya hemos señalado, en otro lugar, que los bipolares llevan su antagonismo emocional a todos los planos de su existencia. Para ellos existe lo caliente y lo frío, lo blanco y lo negro, lo agradable o lo desagradable, lo bueno y lo malo, el amor o el odio, así como sólo existen la manía y la depresión. De manera que al incluir tonos y semitonos en la escala afectiva, olfativa, táctil, auditiva, gustativa, espacial, temporal, valorativa y vincular se va produciendo un mayor equilibrio y armonía y mayor control de las oscilaciones.

Hay un particular grupo de ejercicios en serie destinados a sentir sensológicamente a los otros y al entorno, que tienen una particular importancia en la tarea con los bipolares por todo lo vinculado a la instalación del "eje interior". Estos ejercicios van empatados con el trabajo de las transferencias que el paciente deposita en el terapeuta y en las personas de su círculo. De esta manera no sólo se enriquece la percepción y perspectiva que se tiene de los otros y del entorno (enfoque sensológico), sino que se realiza un proceso dinámico de desenmascaramiento y desapego de las proyecciones que las personas hacen sobre los otros (enfoque transferencial).

Carlos Bayod Serafíni dice:

> El arte no trasmite conocimientos. Abre libros donde se encuentra el conocimiento. Por tanto, el arte es como la llave maestra de nuestra gran biblioteca del conocimiento. Pero el arte —este quántum invisible— posee inteligencia y sabe —como sucede con cada partícula del cuerpo— cuál es su lugar, su misión y su destino en cada momento. Por lo que una vez abierta la biblioteca, sabe en qué libro ha de buscar y por qué página tiene que iniciar la lectura.
>
> Si el arte expresara tan sólo nuestro pensamiento o nuestras emociones (de no ser para uso terapéutico), sería flaco el favor que

nos haría, pues sólo nos mostraría las ideas y pasiones humanas. Con ello, los artistas, en cada obra, cometerían de nuevo el mismo pecado original: el intentar reinventarse a partir de la idea de sí mismo. Pero la naturaleza es sabia y ha dado al hombre la posibilidad de que redescubra su ser edénico y recobre su felicidad al reencontrar su inocencia y sabiduría original. Por ello lo ha dotado de un extraordinario poder: el poder del arte.

> Un poder que el bipolar tiene a flor de piel, pero que lo hace sufrir porque lo vive desgarradoramente como un choque que lo desborda, como un tañido que no comprende ni controla y que, en ocasiones, lo asusta y aterroriza.

Las sensaciones alumbran en el bipolar la percepción de las pulsaciones, la constante dilatación y contracción, las palpitaciones de la vida, los latidos cardíacos, los temblores de la existencia, la diástole y la sístole de las relaciones, los aleteos de las emociones, la presencia y ausencia de la vida, las contradicciones complementarias, los grises, los matices; en suma, el hecho del cual quiere escapar construyendo la ilusión de que yendo de un extremo al otro va a poder negar la vital realidad de la ambivalencia.

Final

He tratado de presentar en este capítulo, de una manera resumida, la vía creativa en el tratamiento del paciente bipolar bajo la premisa de que hay que incluir más arte y menos técnica, más acción que quietud, más experiencias que retracción, claro está que *"todo en su medida y armoniosamente"* (como decía un prócer argentino del siglo pasado).

Un programa de trabajo terapéutico, en este terreno, debe combinar, de ser posible, las tres artes, con sus diferentes técnicas de acuerdo con las afinidades y necesidades del paciente. Igualmente, hay que tener presente —como tantas veces repetía Freud— que lo ideal es enemigo de lo óptimo y que la terapia, como la política, es el arte de lo posible. Pero, a diferencia de ella, no puede dejar de lado el compromiso ético y los medios moralmente correctos. Porque no estamos tratando con una historia clínica, sino con una persona; no estamos enfrente de una nomenclatura diagnóstica, sino de un ser que sufre. *El paciente no es la bipolaridad, sino que el oscilar es un accidente o predicado más de su vida.* El trastorno bipolar es un signo de algo que el que lo padece tiene que aprender, un síntoma de una historia que debe cambiar. Y la creatividad, el arte expresivo y el sensorial dan esta posibilidad, especialmente, si forman parte de un plan terapéutico holístico.

En mi situación personal, he pensado muchas veces que la escritura —la capacidad de transformar mis dolores y mis síntomas en palabras— fue un elemento importante para no desperdiciar mi vida y "mantener a raya" la oscilación. Ese fue, para mí, *el arte curativo*, pero cada bipolar tiene que encontrar el suyo. Y parte de la cura reside en esto: *buscar y comprometerse con lo encontrado*.

Para finalizar, quiero volver sobre algo que enunciamos acerca del arte y la alquimia.

Tal como ya lo hemos señalado, existe una cierta analogía entre las artes creativas, expresivas y sensoriales y la alquimia. La materia alquímica (el *nigrum*) es la sombra de nuestra personalidad, el plomo que hay que transformar en oro de conciencia. Para poder producir esta metamorfosis es necesaria la muerte de los metales imperfectos (historias no terminadas, emociones reprimidas, apegos) para que así pueda nacer el espíritu, la esencia de lo que realmente somos.

Por lo tanto:

> La bipolaridad desproporcionada es como el metal imperfecto de la alquimia, pero cuando se logra transmutarla se convierte en *oro creativo* (con el que se puede "comprar" lo más valioso, lo que no tiene precio...).

Capítulo V

PONIÉNDOLES EJES A LA VIDA

> *Si podemos encontrar el mundo en un grano de arena,*
> *también podemos hallar el alma misma en ese*
> *pequeño punto de la vida en el que se cruzan los destinos*
> *y entremezclan los corazones.*

Thomas Moore

Uno de los temas sobre los cuales insiste este libro es sobre la necesidad de que el bipolar establezca un eje, en su interior, que le dé equilibrio, proporción y balance. Más allá de que puedan efectuarse actos simbólicos, terapéuticos y rituales para esta construcción, el proceso de su encaje es justamente eso, un proceso, es decir, un progresivo recorrido en el tiempo que se asemeja mucho al ascenso de una montaña: subir paso a paso, ambicionando alcanzar la cumbre pero afirmando los pies sólidamente en el sitio en que se está, palpando la resistencia de los puntos donde aferrarse, dispuestos a soportar los cambios climáticos y las eventualidades, tratando de avanzar sin desmayar.

Llegar a la meta produce un placer que se siente hasta en la punta de los dedos y brinda el poder que confiere haber superado los obstáculos que se fueron presentando por el camino. Hay una clara percepción de que el logro conseguido no es obra de poco tiempo ni de pocos pasos, sino el fruto de un entrenamiento sostenido, por medio del cual templamos el cuerpo y el alma, preparándonos especialmente para ese viaje y para ir a *"clavar* —simbólicamente— *la pica en Flandes"*, pues al alcanzar la meta habremos comenzado a conquistar nuestro propio continente interior.

Lo mismo ocurre con el *eje interior*: necesitamos tiempo, esfuerzo y motivación para ir gestándolo, mientras marchamos con la intención de "clavarlo", después, en el centro de nuestra inestable y por momentos dura y azarosa realidad. Una vida sin eje es como una hoja en una tormenta, pues carece de autonomía y decisión propia. Subir la montaña de nuestro equilibrio personal impone, también, sudor con permanencia, no estar a merced de las mareas de los otros, deseo de llegar, no desmoronarnos en cada intento que no fructifica, no decaer ante la falta de resultados inmediatos. Recuperar el "eje interior" es como retornar al hogar que nos da identidad, ese sitio en particular donde *"la rueda apoyada junto a mi puerta es solamente la luna y los objetos que penden del alero, nubes otoñales"* (Liang Li). Tal como dice Fernando Pessoa: *"Yo no sé qué es la naturaleza; apenas la canto. / Vivo en la cima de un monte / En una blanca cabaña solitaria. / Ésa es mi definición"*.

Cuando uno consigue tener un eje se encanta la vida. Se puebla de momentos en los cuales el corazón se estremece de imaginación, fantasía, felicidad y belleza y, además, está dispuesto a la aventura de abandonarse a la misericordia de la tierra y... a vivir. Y cuando uno alcanza a cimentar el eje interior los antagonismos cobran otro sentido y uno comprende que *la vida* —tal como señala Osho— *no está hecha de contradicciones sino de opuestos complementarios*.

Ahora bien, ¿adónde recurrir para ponerle ejes a la vida? Son varias las sendas por las cuales subir la montaña para alcanzar el equilibrio interior, y tal como sucede en la naturaleza, hay unas preferibles a otras (y, por momentos, hasta buenos y apacibles atajos inclusive).

Por lo tanto, a continuación vamos a referirnos a tres caminos a los cuales se puede apelar en la tarea de instalar el eje interior: *los vínculos, los rituales* y *el movimiento.*

1. ¿Qué es un vínculo?

Así como el cuerpo es el pivote de la existencia, los vínculos son la llave de la evolución. Fuimos concebidos, nacimos y vivimos en relación porque existir es siempre coexistir. [*"Con la luz, con el aire, con los seres, / vivir es convivir en compañía. Placer, dolor: yo soy porque tú eres"* (Jorge Guillén).] Y reitero lo que ya dije en otro lugar del texto: es preferible una relación tormentosa que la falta de toda relación.

Cuando comprendemos que todos los encuentros tienen un sentido, que *"todo casual encuentro es una cita"*, que no hay relaciones insignificantes, que siempre hay un motivo por el cual las relaciones se hacen y se deshacen, nos enfrentamos, entonces, con *la dimensión del misterio del alma humana.* ¿Cuál es la razón para que estemos juntos? ¿Cuál es la razón para que nos separemos? ¿Por qué nos encontramos? ¿Por qué nos desencontramos? ¿Quién puede dar una razón cierta? En todo caso, la única certidumbre es que habitamos en las relaciones y que ellas son la sal de la vida.

Incluso, estimado lector, aunque usted y yo probablemente nunca nos conoceremos en persona, el hecho de que nos hayamos encontrado, en este libro, quizás se deba a que...

"... Algo, sin embargo, nos ata. / No es imposible que Alguien haya premeditado este vínculo. / No es imposible que el universo necesite este vínculo" (Jorge Luis Borges).

Tal vez, desde lo aparente, muchos vínculos parezcan no tener sentido, pero todos lo tienen; de modo general, podríamos decir que los vínculos son espejos que nos devuelven la imagen de aquello que no vemos de nosotros y, además, maestros en nuestro proceso de evolución. A través de las relaciones aprendemos a descubrirnos a nosotros mismos, y muchas separaciones provienen de la incapacidad de aceptar lo que de uno hay en el otro, lo que se ve de uno reflejado en el otro, "eso" que nos avergüenza, nos disgusta o nos aterra.

Las relaciones nos dan centro

En muchos sentidos las relaciones son las que nos enferman, pero también las que nos sanan. Ellas nos nutren, nos cobijan, nos sostienen, nos protegen, nos hieren, nos lastiman, nos curan y nos van haciendo descubrir el mundo emocional. Aprendemos el amparo en unos brazos que nos refugian, las penas de amor cuando nos abandonan, el odio cuando nos sentimos agredidos...

Pero hay un aspecto sustancial de los vínculos y es el hecho de que su presencia nos hace sentir vivos y nos da centro, puntos de referencia y anclajes a partir de los cuales podemos ir y venir sin temor a perdernos en los laberintos de la oscilación emocional.

Las emociones no tienen otra forma de ser que en constante contradicción complementaria; nos estremecen, nos conmueven y nos revuelven con sus movimientos de torno y retorno oscilante, llevándonos de un sitio a otro. Ahora bien, si en este vaivén se exceden, el riesgo que amenaza al Yo es quedar prisionero de su capricho tiránico. Lo malo no es emocionarse, desde luego, sino romperse bajo las alas de la contradicción, perderse arrastrado por la violencia de su oleaje o estrellarse contra el muro de fijación excluyente en uno solo de sus polos, como sucede en la bipolaridad. Lo malo no es apasionarse, repito, porque tal como dice Marsilio Ficino: *"Aquellos que entran en estado de frenesí dicen muchas cosas maravillosas que poco después, acabado el frenesí, ellos mismos no comprenden realmente, y es como si no las hubieran dicho, pero*

Dios ha sonado a través de ellos como a través de una trompeta";
lo malo es permitir que la pasión nos consuma.

Cada emoción posee en sí misma la simiente de su propia transformación, cada afecto implica su antagonismo y todos los matices
que componen la configuración emocional que constituye las entra-
ñas de la personalidad necesitan estar en movimiento en torno de un
núcleo o foco que les dé armonía y equilibrio. El Alma vive en esta normalidad preñada de la dualidad. Asciende y desciende, ama y
odia, se agrega y se disgrega, se alegra y se entristece, se aburre y
ensueña, envidia y admira...

Mario Satz, con el bello estilo literario que caracteriza toda su
obra, expresa esta situación del siguiente modo:

> ... y así como el círculo no se cuadra por fuera, de igual modo
> en la rueda de las emociones el eje no puede encajar donde corres-
> ponde si antes no se ha labrado el cubo vacío de su sostén, justo en
> el centro, medio exacto. Este vacío sereno y ecuánime es al mismo
> tiempo el lugar natural de los desapegos, razón por la cual no siem-
> pre resulta sencillo transitar por las emociones, pues parece casi im-
> posible verse libres de ellas, soslayar sus efectos, mitigar sus furias,
> evitar sus dramas o reprimir sus poderes. [...] Las emociones, en-
> tonces, ya apunten a la depresión, la nostalgia o el entusiasmo, nos
> ayudan a educarnos en el vivir, pero únicamente el eje sereno que
> sutilmente las mueve dota de sentido a nuestros actos y promueve,
> desde su centro, una amable regeneración de nuestras redes neuro-
> nales. Únicamente el eje conoce de antemano la dirección de la rue-
> da, porque es a partir de sí que nace el movimiento, se recorre el ca-
> mino y se llega a la meta.

Y las fuerzas que tallan ese centro, donde el eje encaja y armo-
niza o desarmoniza nuestra vida, son las relaciones que fueron la-
brando, como el cincel de un escultor, la piedra de lo que somos.
Historias imperfectas, historias imposibles, historias compulsivas,
historias encantadas, historias que nos han herido, historias balsá-

micas o sufrientes, no importa su condición todas son historias de amor, encontrado, perdido, tormentoso, inviable; todas han esculpido nuestra alma y han contribuido a forjar o derribar el eje interior que la sostiene.

¿Cómo son los vínculos bipolares?

El bipolar fue educado en la escuela de la receptividad y el conformismo y este modelo lo lleva a sus diferentes vínculos. Este anclaje, que debe superar, reside en la creencia imaginaria de "no poder".

> El paciente debe aprender que es tan negativo para su cura el desmadre maníaco como el conformismo melancólico y encontrar, entre ambos extremos, su camino intermedio, junto a la convicción de que esto no es sólo viable sino también posible.

La persona debe aprender que la bipolaridad no es una enfermedad crónica a la cual hay que resignarse, sino una oportunidad para integrarse en una ambivalencia saludable, y que su tarea consiste en adquirir una autoestima cierta, que le dé amparo, seguridad y certeza. Y esto sólo puede conseguirse si rompe la dependencia, la sensación de condena y se enfrenta sin miedo con el hacerse cargo de su propia vida.

Pero el punto es que el paciente bipolar, a causa de sus marcas infantiles, es esencialmente dependiente y en su vida la dependencia se manifiesta en una continua y exagerada demanda de afecto, cuidado y atención, demanda que siente que corresponde que sea satisfecha, en parte por la gran necesidad que de ella tiene y en parte por su disposición a sacrificarse, a su vez, por la otra persona. Sin embargo, sólo tiene una posibilidad mínima de corresponder del mismo modo a la otra persona, porque no puede percibir fácilmente las necesidades del otro. Por lo tanto, lo que consolida son relaciones de compensación; éste es el planteo: *"Me sacrifico por ti, pero a cambio me tienes que aceptar y amar"*.

Simultáneamente, y para sostener la dependencia, el bipolar se desvaloriza y se posterga, lo que trae aparejado el surgimiento de sentimientos hostiles que muchas veces, al no ser reconocidos y aceptados, se descargan en actos agresivos. Ambas direcciones de necesidad y hostilidad dibujan una relación tormentosa, tan usual en la vida afectiva bipolar.

Otro rasgo que pone en evidencia la dependencia es el carácter adictivo de las relaciones que las personas bipolares entablan. Tal carácter se forjó desde la infancia, en un tiempo en el cual la autoestima era regulada exclusivamente por suministros externos y, por lo tanto, se tenía una vital necesidad de ellos. Esto significa que el recibir era interpretado por el niño como ser tomado en consideración, ser valioso, y el no obtener como ser indigno y desestimado.

Esta interpretación simplista, con el tiempo, llevó al sujeto —dominado por este patrón registrado en su inconsciente— a la pérdida consistente de la propia valoración personal ante la falta de reconocimientos externos. Para detener esta vivencia (semejante al temor a la aniquilación) el Yo está dispuesto a todo. Habitualmente no puede contener la impulsividad y el desborde, entonces desarrolla cualquier tipo de comportamiento, sin mirar normas y prohibiciones, con tal de obtener lo que anhela e impedir que lo invada la sensación catastrófica de disolución de su identidad.

Este tipo de reacción —infantil, caprichosa y explosiva— es una marca de los comportamientos bipolares: el hecho de que muchas veces la tendencia maníaca contenida brota de pronto ante una frustración. Estalla, para el sujeto, casi inesperadamente, y de modo inexplicable para los otros que lo rodean.

Esto hace que el paciente sienta que posee una bomba de tiempo dentro de sí, que puede estallar en cualquier momento y que no está en sus manos controlar. Para defenderse puede intentar establecer protecciones y contramedidas exageradas con la finalidad de evitar la explosión. Esto le da cierta seguridad transitoria, pero no sólo no resuelve la cuestión de base sino que puede contribuir a su incremento, ya que únicamente posterga la descarga sin darle a la energía que contiene un cauce sustitutivo adecuado.

Llevada esta dinámica a la vida de relación, podemos observar que muchos pacientes bipolares trasladan su creencia de "llevar una bomba" a sus comportamientos y despliegan actitudes de distancia que suelen parecer de no compromiso pero que, en realidad, esconden miedo a lastimar a quienes ama y necesita. En muchos otros casos, el desasosiego de la posible eclosión se convierte en irritabilidad y mal humor.

Una visión de conjunto de los vínculos bipolares

El paciente bipolar da la impresión de poseer una gran capacidad para relacionarse e interactuar con facilidad, especialmente cuando está en una fase hipomaníaca. Saluda a todo el mundo, establece contactos de una manera rápida, a todos los siente y los trata como amigos; pero se trata de vínculos superficiales pues no sólo carecen de profundidad sino también de compromiso.

La mayoría de sus relaciones están basadas en un intercambio social muy estereotipado. Una sonrisa aquí, un saludo allá, un chiste más adelante, una charla rápida, ingeniosa pero insignificante, donde realmente no se abre al encuentro ni al diálogo.

Por otra parte, la persona bipolar no toma en cuenta al otro como persona sino como un espectador de su exhibición, cosa que no hace por maltratar al *partenaire* sino por una falta de capacidad de entrega y autenticidad. Sus sentimientos más profundos y sinceros están presentes, por lo general, sólo en una o dos relaciones, con las cuales establece una fuerte dependencia.

Esta actitud lo conduce, lógicamente, al desengaño y a la decepción, ya que nadie puede darle lo que su exagerada demanda pretende. Se inicia, entonces, un círculo en el cual pasa del desengaño a sentirse rechazado y abandonado, del descenso de la estima a la caída en la aflicción o la negación maníaca.

Todo este cuadro hace que los vínculos afectivos con personas bipolares sean realmente muy difíciles y que en la historia de estos pacientes encontremos muchas experiencias de parejas rotas, amores fracasados, amigos perdidos, familia alejada, soledad, turbulencia e insatisfacción.

Como el bipolar es impredecible, poco constante e inestable, con él nunca se sabe muy bien qué va a pasar mañana; por lo tanto, para el otro esto representa una situación difícil de sobrellevar y muy cargada de incertidumbre. El resultado es que en su alma se generan sentimientos encontrados y mucha incertidumbre. Por mi parte, suelo escuchar con frecuencia: *"Mi pareja es un bipolar. ¿Qué puedo hacer? ¿Cómo puedo no sufrir tanto en esta relación?"*. El final es generalmente anunciado: o la persona no puede soportar más un vínculo así y lo rompe, o bien, el bipolar corta la relación antes de que lo "abandonen".

La gran necesidad de ser amados que tienen los bipolares los conduce a continuar la búsqueda de una pareja una y otra vez, y a repetir sus frustraciones afectivas también una y otra vez.

Pero el secreto de la superación de su padecer reside en que puedan detenerse y aprender que deben transformar su dependencia, su desvalorización y su necesidad receptiva de ser amados en una actitud donde importe más el amar, el dar y el entregarse. Cuando lo logran son, entonces, seres sensibles y generosos en sus afectos y comprometidos en una sana relación de amor.

Cuatro rasgos a tener en cuenta

Hay cuatro cuestiones en los vínculos bipolares que quiero tratar por separado y que son: *la evitación de situaciones dolorosas*, *la repetición de los ciclos*, *la falta de continuidad histórica* y *la carencia de asertividad*.

La evitación del dolor

A la persona bipolar le resulta oneroso enfrentar de modo directo las situaciones adversas, determinantes y/o dolorosas. Prefiere evitarlas y dejar para más adelante (lo que significa, generalmente, nunca) el confrontar y decidir. En cierta medida, la evitación funciona como una negación que le impide aprender de la experiencia y no dejar asuntos pendientes o cuestiones por aclarar.

Tener una conversación para despejar un enredo o para finalizar una relación es, para el bipolar, un escenario difícil de encarar. Esto hace que, en ocasiones frecuentes, desparezca y no dé ninguna explicación ni participe del ritual de despedida o de cierre de un vínculo. Por eso la vida del bipolar está lleno de planes aplazados e historias jamás acabadas.

La repetición de ciclos

Para el bipolar nada sucede por primera vez. Sus relaciones parecen cortadas con la misma tijera: se inician, se desarrollan y mueren de idéntico modo, como si estuvieran atadas a ciclos idénticos que se repiten de un modo irremediable, como si estuvieran gobernadas por un guión inconsciente de aplicación inexorable.

El descubrimiento de los procesos y motivos de la razón de estos ciclos le da al paciente la capacidad para evitar la reiteración de experiencias de tensión y riesgo, previniendo de este modo mayores complicaciones en sus futuros encuentros afectivos. Al mismo tiempo, este *insight* le facilita la comprensión de hechos similares del pasado y así puede hilvanar un poco más su biografía, que vive, en general, como algo fragmentado, turbulento, ininteligible y complicado.

Falta de continuidad histórica

El sentido de "continuidad" es algo que está roto en la identidad bipolar y esto se traslada a todos los vínculos de su vida. De algún modo pareciera como si en cada oportunidad estuviese empezando de nuevo, como si no pudiera establecer cierto margen de quietud y serenidad para disfrutar de sus afectos.

Este "empezar de nuevo" impide acumular experiencia, seguridad, propósitos, proyectos y acuerdos en una relación. Con el bipolar, es como si hubiera que estar "recontratando" a cada instante la relación (de la índole que sea: de pareja, de trabajo, etc.), con el consiguiente desgaste psicofísico que esto conlleva para los que lo rodean y conviven con él.

Falta de asertividad

Al bipolar le faltan cualidades asertivas (ya hemos definido antes lo que esta función es) en sus relaciones, hecho que entorpece la posibilidad de tener vínculos estables y con proyecto.

En el cuadro siguiente puede observarse una comparación entre algunos ítems que definen cómo funcionan, respectivamente, una personalidad asertiva y una bipolar en sus relaciones.

Personalidad asertiva	Personalidad bipolar
• Se muestra tal como es.	• Se esconde y encubre.
• Se comunica con cualquier persona de una manera franca, abierta, honesta, de un modo adecuado y directo.	• Tiene muchas dificultades para poder establecer buena comunicación.
• Es activa, busca conseguir lo que desea. Le sucede a las cosas.	• Se deja invadir por la pasividad o la actividad sin finalidad. Las cosas le suceden.
• Actúa de un modo transparente, digno, confiable y autónomo.	• Es dependiente, enmarañada, confusa e impulsiva.
• No se deja enredar en las emociones de los otros.	• Se deja tragar por los problemas ajenos. Es muy vulnerable.

Personalidad asertiva	Personalidad bipolar
• Acepta sus límites y conoce sus virtudes.	• No conoce sus límites ni sus talentos.
• Sabe defender su espacio personal.	• No sabe cuidar su privacidad ni sus espacios personales.
• Sabe rechazar y aceptar y poner límites de un modo cordial.	• No sabe decir que no o que sí con tacto.
• Se siente emocionalmente libre para expresar sus sentimientos.	• No se siente capaz de decir francamente lo que siente.
• No se polariza en extremos. Es, generalmente, ecuánime.	• Polarizado en antagonismos afectivos. Generalmente, febril.

¿Qué hacer con los vínculos?

Queda claro que los vínculos sanos son una terapia. Trabajar con el paciente bipolar sobre sus relaciones tanto pasadas como actuales, imaginarias como reales, internas como externas, constituye un procedimiento oportuno y eficaz para incluir en el dispositivo destinado a su cura. La idea no es empujar al paciente a interactuar, sino facilitarle el camino y apoyarlo en todos sus intentos —aun los inadecuados— para que por propia experiencia aprenda y domine el arte de convivir y la reciprocidad sin dependencia.

En esta dirección, una buena parte de las acciones terapéuticas está destinada a colaborar con el paciente a cerrar historias afectivas pendientes, imposibles, imperfectas y dolorosas y a sostener la apertura de otras nuevas; a alentarlo a comprender que siempre, en toda relación, hay tensión, conflicto y una oscilación entre la vida concreta y las ilusiones que sobre ella nos forjamos, que siempre hay tirantez entre vivir nuestros amores y negarnos a ello, entre el deseo de intimidad y el de soledad, entre el apego y el desapego. Y en la medida en que el paciente va haciendo carne esta realidad, va adquiriendo un grado creciente de madurez, equilibrio y armonía.

2. ¿Qué es un ritual?

La historia que las personas narran, por ejemplo, en un tratamiento, no están alejadas de funcionar como mito. No importa, en
realidad, la verdad de lo acontecido, sino la creencia acerca de lo
que sucedió y la manera como se lo cuenta. La creencia en nuestra
biografía la hace funcionar al modo de un modelo ejemplar sobre el
cual se funda nuestra conducta actual, y este "mito de nuestra vida"
es algo vivo que nos proporciona una guía para nuestro hacer y que
otorga significado y valor a nuestra existencia. (De paso observe-
mos que la palabra "mito", que proviene del griego, significaba, ori-
ginalmente, "hilo, urdimbre". En el consultorio, enhebramos una
aguja con el hilo invisible de nuestro Inconsciente —a veces nos
pinchamos hasta sangrarnos el alma; otras veces, no tenemos muchas ganas de coser; otras, no logramos embocar el ojo de la aguja
y el terapeuta nos tiene que prestar sus lentes— y en cada sesión vamos urdiendo la trama del mito de nuestra biografía.)

Gracias a estos mitos se justifican y explican los actos presentes.
*"Como nací ahogado esto hace que en las relaciones demasiado es-
trechas sienta que no tengo aire."* Esta interpretación de un paciente —que ni siquiera había nacido en la condición que él decía—
funcionaba como un mito que daba razón a su comportamiento
evitativo y le permitía ocultar su miedo a la intimidad detrás de una
explicación. Su conducta reiterada, en cada nueva relación, estaba
consolidada como un ritual que repetía, ocasión tras ocasión, como
si la liturgia de ese modo del emparejamiento fuese la puesta en escena del "mito", o como si el "mito del ahogo" explicitara el significado de su rito vincular.

Todos y cada uno de nosotros desarrollamos, a cada paso de
nuestra vida, rituales, y éstos cumplen una tarea de organización
de nuestra existencia: le dan cierta normatividad, equilibrio y sentido. Pero cuando adquieren un carácter compulsivo se convierten en
obsesión y pierden su función constructiva, que es usualmente la de

aportar cohesión y pertenencia, fomentar la confianza, disminuir el estrés y crear condiciones para provocar una transformación en la persona.

Existen numerosos antecedentes —especialmente en la práctica de la terapia familiar con orientación sistémica y en la Psicología Transpersonal— del uso de técnicas de ritualización con fines terapéuticos, sin mencionar las prácticas rituales curativas existentes en todas las culturas y de las cuales la Antropología ha dado suficiente cuenta.

La perspectiva de cómo aplicar esta técnica se basa en el hecho de que los rituales escenifican, en el mundo visible, lo que es vivencia en el mundo interior e imaginario de una persona y, al mismo tiempo, le permite a ésta trascender los límites de su enfermedad, conectarse con el poder de la esperanza en las propias fuerzas autocurativas y la ayuda a crear su eje interior.

Las dificultades del bipolar con los rituales

El tipo de mundo bipolar es un mundo en donde hay una destrucción, más o menos amplia, de las estructuras rituales significativas de su vida. Éstas se hallan sustituidas, en general, por prácticas obsesivas defensivas, actos vacíos de contenidos reales, por disturbios comportamentales, actos extraños y conductas adictivas.

Esto quiere decir, por una parte, que muchas acciones que lleva a cabo en su vida una persona bipolar han dejado de ser ceremonias con significado y se han transformado en hechos que se repiten en cualquier momento y sin un correlato emocional acorde y congruente. Del mismo modo, por otra, la inestabilidad se convierte en motivo de un peso tal que no le permite construir fácilmente reglas que le den permanencia y la conciencia de no tener que empezar de nuevo cada día.

Ahora bien, cuando se implementan rituales con la finalidad de provocar cierto efecto curativo, esto produce en el bipolar una re-

ducción de sus índices de ansiedad, depresión, oscilación y aliena-
ción, y al mismo tiempo, lo ayuda a despertar ciertos poderes trans-
formadores de sus conductas habituales que lo llevan a un cambio
positivo en la comunicación con los otros.

De modo que la creación de rituales como una actividad terapéutica (por ejemplo, a través de algo tan simple como un festejo, la
formulación de ciertos votos, dar un testimonio frente un grupo, el
establecimiento de ciertos ritos en el tratamiento, la ritualización de
la ingesta de la medicación, etc.) puede tener una influencia decisiva en las expectativas de una persona en relación a su enfermedad.

Tal como señalábamos en *La bipolaridad como don,* los síntomas son el fruto de creencias equivocadas, y los rituales pueden
ayudarnos a cambiar esas creencias, a sentirnos *parte de* un proceso y a abocarnos a la tarea central de edificar nuestro eje interior.

3. ¿Qué es el movimiento?

La palabra "movimiento" señala, inicialmente, el desplazamiento
de un cuerpo en el espacio, pero tiene, también, una estrecha relación
con las nociones de *devenir* y *cambio.* Estar en movimiento es estar
vivo, ir hacia alguna parte y actualizar potencialidades; por eso, la
quietud melancólica señala el estado interior de una persona que se
siente muerta, sin razón para existir. [*"Los tres que en mí contienden
nos hemos quedado en el móvil punto fijo y no somos un es ni un estoy"* (Alejandra Pizarnik).] De manera que el movimiento es un rasgo natural y esencial de la vida, y generar movimiento, con finalidad
terapéutica, puede ser un notable camino para restablecer relaciones
vitales rotas y agrietadas, y en la medida en que el paciente pueda relacionarse con mayor efectividad va a estar más dispuesto a aceptar
una psicoterapia (o cualquier tratamiento) y, a su vez, el retrato que
tiene de sí mismo se va a ir reforzando paulatina y positivamente.

¿Cómo se mueve el bipolar? De un moco torpe, forzado, desma-
ñado y generalmente con falta de coordinación. Esto se debe a que

el movimiento no es sólo una cuestión corporal sino también mental, y en el bipolar su mente funciona en una dirección distinta de la de su cuerpo. Pero, además, la temporalidad subjetiva es diferente que la exterior. En su interior, el bipolar siente que el afuera va muy lento (y en el afuera se incluye también su cuerpo), pero en realidad es su velocidad interna la que está acelerada (en un tiempo fugitivo). Este desajuste lo conduce a la torpeza, la incoordinación y la inhabilidad física, y nos habla, también, de un cierto grado de inmadurez de la conciencia del esquema corporal.

Lógicamente, esto no contribuye a lograr el balance y la instauración del "eje interior". Entonces, ¿cómo poner equilibrio al movimiento del bipolar?

Para esta tarea proponemos tres actividades básicas: baile, deporte y tai chi chuan. Todas ellas (no son las únicas) proporcionan un crecimiento en la integración mente-cuerpo, consciente-inconsciente e interior-exterior. Y, sobre todo, lo que me interesa destacar aquí: suministran una buena herramienta para colaborar en la construcción del eje interior.

En relación al deporte y el baile ya hemos hablado en el capítulo dedicado a la creatividad (y volveremos a hacerlo en el destinado al trabajo con el cuerpo), y respecto al tai chi, sólo quiero insistir en los beneficios concretos que su práctica brinda al bipolar: la concordancia del movimiento con la respiración, los desplazamientos relajados y fluidos, concentración y equilibrio, la necesaria unión de la mente con el cuerpo, la disciplina de trabajo que requiere (más allá de los beneficios físicos que provee) permiten elevar los niveles de armonía y balance. A todos mis pacientes bipolares, casi por rutina, los estimulo a desarrollar esta actividad en grupo, esta bella, delicada y profunda meditación en movimiento.

Capítulo VI

PROFUNDAMENTE ENCARNADO

La expresión emocional del individuo constituye una unidad.
No es la mente la que se encoleriza y el cuerpo el que golpea.
Es un individuo que se expresa.

Alexander Lowen

Nos conciben los cuerpos de nuestros padres. Venimos al mundo a través del cuerpo de nuestra madre. Existimos gracias a nuestro cuerpo, de modo que el cuerpo no es un agregado a nuestra existencia sino el hogar donde habitamos. No tenemos cuerpo, *somos* cuerpo, y el cuerpo es la tela donde pintamos nuestra vida. Tela, crisol, urdimbre, libro...

El cuerpo del que hablamos, en este libro, no es el cuerpo que describe la anatomía ni el que se estudia en la Facultad de Medicina. El cuerpo humano es un cuerpo vivo, pleno de subjetividad, un tejido no sólo de sangre, huesos, músculos y nervios, sino también de afectos.

Nuestro cuerpo es un cuerpo emocional, una trama que guarda la memoria de nuestra historia, nuestros vínculos, placeres y displaceres, nuestras culpas y desconsuelos. Y también la memoria celular de nuestros ancestros. No es un cuerpo mudo, sino un cuerpolenguaje que habla por medio de los gestos, los movimientos, los síntomas, las arrugas y las formas que adopta. En suma, nuestro cuerpo es el pivote de nuestra existencia, como señala Merleau-Ponty; y sin cuerpo no hay posibilidad de ser en este mundo.

De modo que, en cualquier tratamiento, el cuerpo debería tener un lugar de consideración no sólo diagnóstica sino terapéutica; por lo tanto: *¿Cómo cuida (o descuida) su cuerpo?* debería ser un interrogante a responder por el paciente.

> Un adagio hindú afirma: *"Si quieres ver cómo eran tus pensamientos ayer, mira tu cuerpo hoy; si quieres ver cómo será tu cuerpo mañana, mira tus pensamientos hoy"*.

¿Cómo cuidar el cuerpo?

Cuidar el cuerpo no consiste en la puesta en marcha de un automatismo diario, sino en una actitud consciente de respeto y valoración del hogar donde moramos y que permite la existencia terrenal. Cuidar el cuerpo es comprender sus grandezas y sus miserias, sus posibilidades y sus límites, y respetarlos.

Existe una diferencia entre el apego al cuerpo que nos ata y el ocuparnos del cuerpo. Cuando nuestro cuerpo está bien esto se refleja en el psiquismo y cuando nuestro cuerpo esta mal nuestro psiquismo se afecta. Lo contrario, también, es cierto.

> La costura que une estos dos registros de la personalidad son las emociones. Cuando el mundo emocional está alterado —como sucede en la bipolaridad—, esto se manifiesta tanto en el psiquismo como en el cuerpo.

Hay muchas maneras de cuidar el cuerpo y aquí solo buceamos en aquellas sobre las que tenemos experiencia directa y que sabemos que pueden brindar una mejoría importante en la condición de oscilación perturbada.

El resultado de sus efectos no es algo que pueda medirse en términos inmediatos, pero su implementación le garantiza al paciente un acercamiento a la armonía.

Al respecto, las preguntas son siempre las mismas:

¿Estamos dispuestos a cambiar de estilo de vida?

¿Estamos preparados para hacer cambios cuyos resultados necesitan tiempo para manifestarse?

¿Nos atreveremos a meter el cuerpo sin autoexigirnos virtuosismo ni sentir vergüenza?

Si las respuestas son afirmativas, a continuación se leerán algunas propuestas que pueden ser útiles.

1. Alimentación

La comida no es combustible. Y no sólo comemos comida, ni procesamos nutrientes, *también comemos y procesamos emociones*. Una estrategia alimenticia correcta produce no sólo salud corporal, sino también emocional.

Hay algunas cuestiones generales que es bueno tener en cuenta. En toda dieta es necesario olvidar el fanatismo y la extrema ansiedad de resultados inmediatos. Las dietas demasiado rígidas terminan no funcionando, por lo cual, dentro de cierto marco, la variedad de platos ayuda al mantenimiento de una buena alimentación.

> En el caso del bipolar, una dieta alimenticia demasiado estricta y monótona no funciona, dadas su natural tendencia al aburrimiento y su falta de disciplina.

Pero, además de variado, el sistema de alimentación elegido tiene que ser sencillo. Todo lo complicado entorpece su buena ejecución. También es muy aconsejable la regularidad de los horarios de alimentación y la mesura en la ingesta de comida. Hay que recordar que el bipolar muchas veces come no por hambre sino por ansiedad y hay que hacer consciente en él el comer cuando hay hambre y en horarios más o menos estables.

> Variedad, sencillez y regularidad son tres principios que hay que tener en cuenta en la implementación de un plan nutricional para una persona bipolar.

Esta alimentación tiene que ser rica en cereales integrales (arroz, trigo, mijo, centeno, avena, maíz y cebada), frutas y verduras frescas (crudas o cocidas), frutos secos, semillas (girasol, sésamo, de calabaza), vegetales marinos, productos derivados de la soja fermentada, pescado, aceitunas, baja cantidad de leche y sus derivados, baja cantidad de carne de ave y vacunos, no excederse en hidratos de carbono y preferentemente evitar azúcar, chocolates, harinas refinadas, enlatados, bebidas gaseosas y chacinados. Tender hacia los alimentos crudos, poco procesados y de estación, reducir la ingesta de café y alcohol, aumentar el insumo de agua y jugos naturales, de frutas y verduras, y no comer "alimentos chatarra".

Los alimentos crudos, además de las ventajas orgánicas (conservar su contenido vitamínico y mineral y su alto de valor nutritivo), poseen un gran contenido fibroso que obliga a una mayor masticación por parte de la persona y esto representa un buen ejercicio para el paciente bipolar.

Otro elemento a tener en cuenta es la inclusión de especias en la preparación de la comida, que además de agregar sabores permiten una ampliación importante de los sentidos. Por otra parte, sería bueno que el bipolar, si vive solo, aprendiera a cocinar*se* (valerse por sí mismo), ya que el cocinar permite detenerse en texturas, colores y sabores, y desarrolla la capacidad de paciencia y equilibrio y la imaginación. En caso de que el bipolar viva en familia, también debería, de vez en cuando, hacer este ejercicio.

Ahora bien, tan importantes como el tipo de alimentos son, para el bipolar, *los ritos alimenticios*. Éstos no se reducen a mantener un cierto número de comidas a un cierto horario, sino que incluyen las actividades de comprar, preparar y almacenar los alimentos.

Una persona puede adquirir sus alimentos de una manera despreocupada, obsesiva, descontrolada o sin detenerse a pensar en lo que consigue. Poner conciencia en lo que se hace y se procura (estar presente) implica para el bipolar un ejercicio imaginativo y de control que le permite concentrarse en una tarea, por ejemplo, en este caso, tomar en cuenta el presupuesto con que cuenta para gastar en el supermercado y las necesidades de productos que tiene, así como también detenerse en los detalles de cada producto, en sus cualidades, en sus colores, en suma, en los *gradientes*.

El bipolar debe comenzar a olvidarse de las pizzas, el fiambre con pan o el "en un abrir y cerrar de latas", para resolver la elaboración de una comida y ponerse a imaginar soluciones más creativas y artesanales. Del mismo modo, también tiene que acostumbrarse a comer con la "mesa puesta" aun cuando esté solo.

Si nos enfocamos en la alimentación como un acto automático que trasciende "el llenado del tanque de combustible del cuerpo" y lo comenzamos a colocar en la categoría de una acción consciente y creativa (en la que las emociones juegan un rol importante), estamos convirtiendo el acto de comer en una ceremonia de celebración.

2. Suplementos y complementos

Desde hace años se viene estudiando el uso de sales minerales, oligoelementos, vitaminas, ácidos grasos y refuerzos alimenticios en el tratamiento de síntomas psíquicos.

Algunas conclusiones de estos trabajos parecen prometedoras en el campo de la bipolaridad, aunque todavía los datos son insuficientes. Lo cierto es que hay algunas regularidades a considerar en términos de déficit o exceso de estos elementos en el organismo. Hay que tener en cuenta que los nutrientes requieren el complemento de minerales y vitaminas para poder realizar acabadamente su trabajo y que actúan de forma sinérgica con ellos para mantener y lograr la salud de la persona en todos sus niveles.

Existen evidencias, producto de investigaciones científicas, acerca de que algunos de ellos deberían ser tomados en consideración en el tema de la bipolaridad, la manía o la depresión, como es el caso del ácido ascórbico (vitamina C), la tiamina (B1), la niacina (B3), la Piridoxina (B6) y Cobalamina (B12) y el ácido fólico.

De modo que el complejo B y la vitamina C parecen ser elementos recomendables para complementar el tratamiento y la alimentación de los pacientes bipolares, de la misma manera que sales como magnesio, zinc, potasio y litio.

En la misma dirección, se encuentran ciertos ácidos grasos como el Omega 3.

En el año 2000, con motivo del Congreso de Psiquiatría de Chicago, se presentó una investigación hecha en Japón, relacionada con otros estudios anteriores, en la cual se señala que entre las poblaciones con bajo o nulo consumo de pescado existe mayor prevalencia de cuadros depresivos y bipolares y que la situación inversa también era cierta.

La hipótesis es que el consumo de ácidos grasos poliinsaturados (llamados Omega 3, presente en los peces de mar, como el salmón, el arenque y otros de aguas frías y profundas) produce cierto beneficio en el funcionamiento neuronal y la prevención de una serie de enfermedades.

Los aceites Omega 3 son precursores de las prostaglandinas 3 que previenen la agregación de las plaquetas impidiendo las trombosis y la arteriosclerosis, con una acción similar a la aspirina. Ayuda en el control de la presión arterial (con lo cual son útiles en los hipertensos), disminuyen la retención de líquidos, la inflamación de la pared arterial y prevendrían el infarto de miocardio. Al mismo tiempo, mejoran la función del sistema nervioso central, siendo de utilidad en demencias, depresiones, enfermedad bipolar, dislexias e, incluso, en algunas formas de esquizofrenia y autismo.

En un modo práctico se está utilizando la ingesta entre 2 y 4 gramos de aceite Omega 3 en perlas o cápsulas, por vía oral, con la finalidad de complementar los tratamientos de pacientes bipolares.

3. Ejercicio y deporte

Aunque ya hemos hablado en otras partes del ejercicio y el deporte, lo vamos a hacer aquí desde otro lugar. La idea es que el deporte produce efectos benéficos para el cuerpo y que también posee una cierta capacidad para hacernos descubrir potencialidades ocultas; y al mismo tiempo que debemos cumplir con ciertas reglas para practicarlo y jugarlo, podemos trascenderlas y provocar ciertos... milagros.

Los argentinos tenemos, por lo general, pasión por el fútbol. Muchos recuerdan la famosa "mano de Dios" de Maradona frente a los ingleses, en el Mundial '86, ciertas jugadas "prodigiosas", o algunos cabezazos "divinos" o... Si reflexionamos un poco, advertimos que en el lenguaje deportivo hay una suerte de contrabando religioso y que existen ciertos deportistas a los que se considera arquetípicos ya que con su habilidad (o "magia") parecen ser capaces de hacer "cosas imposibles", es decir, *milagros*.

¿Qué me gustaría destacar aquí del deporte como terapia para el bipolar? Lo siguiente:

Despertar el don bipolar

a) En el deporte se gana y se pierde, y la vida continúa; éste es un aprendizaje importante para el bipolar: no hay fracasos, sólo experiencia; ganar o perder forma parte del ritmo y del juego de la vida; esforzarse para dar lo mejor de uno pero sin poner el acento en la cosecha sino en la siembra, en el proceso, independientemente de los resultados.

b) Los deportes involucran emocionalmente a los participantes, permiten (por todo el tiempo que dura el juego) experimentar una basta gama de sentimientos de todo tipo, desde la alegría hasta la hostilidad. A diferencia de quien observa un juego, quien lo juega es activo y real actor de esa actividad. De esta manera, el bipolar puede vivir con intensidad sus emociones, oscilar en un espacio controlado y salir de su pasividad.

c) Los deportes permiten sublimar la agresividad, competir sin destruir al adversario ni a sí mismo, ser capaz de triunfar sin que implique dañar al otro. Los deportes despiertan el arquetipo del guerrero, de la autonomía personal, del valerse por sí mismo. (Hay que recordar las creencias bipolares en torno del poder destacarse y la autoestima.)

d) El deporte da metas y proyectos, y una metodología para alcanzarlos y realizarlos. (Nada de esto sobra en el bipolar.)

e) Finalmente, cuando uno entrena algún deporte tiene que tomar ciertas posturas, ocupar ciertos lugares y asumir ciertas actitudes. Esto implica *una disciplina*, que fortalece y organiza al Alma, y crea (o consolida) *un eje interior* que da equilibrio emocional, constancia, determinación y resistencia, no sólo al cuerpo, sino también al psiquismo. (Cualidades que, precisamente, necesita instaurar en su vida el bipolar para sanar sus desbalances.)

4. Limpieza orgánica

La depuración del organismo es una condición fundamental para una buena salud. La desintoxicación puede producirse por varias vías que se complementan, como enemas, lavaje colónico, dietas desintoxicantes o baños de sudoración (vapor, sauna, etc.). Éstos son algunos ejemplos de posibilidades mediante las cuales se busca desprenderse de los restos tóxicos que se fueron acumulando a lo largo del tiempo en el organismo; y esta desintoxicación es muy importante en los pacientes bipolares debido a que, en general, traen una historia de haber ingerido medicaciones farmacológicas durante un tiempo, a veces, muy largo (y otros "sinsabores" y "alimentos en mal estado", que *también* contaminan mucho el organismo).

La limpieza orgánica interior, por los caminos que en cada caso se consideren adecuados, constituye un instrumento que produce un cambio positivo de los estados emocionales de los pacientes. Del mismo modo, la generación de los hábitos de limpieza externa, que a veces están alterados en los pacientes bipolares, resulta un refuerzo para el logro de mayor bienestar de su vida.

5. Vida natural

Otra cuestión (sobre la cual ya hablamos pero que es necesario incluir en este apartado) es todo lo relacionado con la vida natural y la exposición al aire libre, el sol y la luz.

El contacto con la naturaleza, los baños de sol, la respiración profunda no son cuestiones menores en el PLAN de VIDA de un bipolar y no deben considerarse un acontecimiento fortuito y aleatorio, sino una actividad regular, firmemente recomendada, ya que estos elementos mejoran la totalidad de la persona y no sólo su cuerpo.

En este sentido hay que procurar que la persona bipolar, por lo menos una vez por semana, haga algún tipo de actividad al aire libre en contacto con la naturaleza y el sol (por ejemplo, caminatas, en especial, por espacios verdes) y que esté todo lo posible en contacto con la luz natural.

6. Respiración profunda

La respiración es un buen elemento para combatir el estrés y la ansiedad y debe ser profunda, pausada, inspirando por la nariz y sacando el aire por la boca. El ejercicio frecuente de una buena respiración produce relajación muscular y psíquica.

Muchas veces les sugiero a mis pacientes bipolares un ejercicio: que se recuesten sobre una colchoneta y que se relajen, luego coloco una suave música de fondo, bajo las luces del consultorio y les pido que inspiren profundamente, ensanchando el abdomen, que retengan el aire unos segundos (sin llegar al máximo esfuerzo) y lo expiren muy lentamente. Lo hago repetir varias veces y después les doy la consigna de que practiquen este mismo ejercicio en su casa.

7. Descanso

Otra cuestión digna de interés en la vida del paciente bipolar es el descanso, que —como ya dijimos— no sólo tiene que ver con el dormir, sino también con la relajación.

Con respecto al dormir, lo ideal es que la persona repose 8 horas diarias, por la noche, de modo continuo y a horarios más o menos regulares; que antes de acostarse se bañe y haga algún ejercicio de relajación, de modo que al ir a la cama se encuentre en las mejores condiciones para dormir plácidamente. Que no se vaya a dormir si está enojado, peleado o disgustado con alguien, sino que primero trate de saldar esta cuestión, y si no puede hacerlo, que imagine que coloca su problema en un cajón y que a la mañana siguiente lo va a volver a enfrentar e, incluso, que podrá resolverlo. (Quizás el momento de ir a acostarse "dilatando" hasta el día siguiente el enfrentar cuestiones que abruman, es una de las pocas ocasiones en las que tendría valor positivo la *evitación* típica del bipolar, y cuando sí debería ponerla en práctica; es decir, un ejemplo de cómo, en ciertas circunstancias, él podría transformar uno de sus patológicos mecanismos habituales en una herramienta operativa puntual y eficaz.)

Todos estos comentarios pueden parecer menores pero su puesta en práctica contribuye a un bienestar general. El cuerpo cuidado con sabiduría y sin narcisismo implica un Alma preocupada por estar bien y equilibrada, un Alma que concibe su aspecto de naturaleza como algo valioso que no debe descuidar; un Alma que ha entendido que la negligencia del cuerpo es abandono y olvido de sí mismo. Y cuando uno no recuerda a uno mismo está mutilado en sus posibilidades de lucha contra la enfermedad.

> Alimentación consciente, respiración consciente, vida natural consciente, deporte consciente: *éste es el secreto*.

En síntesis: valor para enfrentar nuestra sombra y crecer; expresividad, creatividad y vínculos beneficiosos; actitud de servicio al prójimo; alimentación sana y natural, descanso reparador, respiración consciente y actividad deportiva; discernimiento y constancia; determinación y coraje; ritualización de ciertos actos para crear hábitos positivos y aprender a estar presentes; alegría y agradecimiento por el milagro de estar vivos. Seguir los mandatos de la propia Alma...

EPÍLOGO

Creer, crear, y dejarse vencer por la admiración,
el valor, la amistad y el amor y todo aquello que nos hace
más llevadero este infierno paradisíaco llamado mundo.

Efraín Huerta

El recorrido que hemos realizado sobre algunas alternativas para remediar la bipolaridad (en un próximo libro abordaremos las terapéuticas medicamentosas y no medicamentosas) ha hecho evidente la constante insistencia en ciertos pilares de todo tratamiento para las personas bipolares.

Los bipolares no son una categoría diagnóstica de la Psiquiatría, sino personas que sufren y enfrentan su padecer de un modo único e irrepetible y que demandan ser comprendidas en esa singularidad; personas que no pueden ser sometidas a estándares clínicos estadísticos, sino a oportunidades de establecer una relación terapéutica confiable y empática; que no son dictámenes clínicos sin esperanza, sino talentos que no han sido desarrollados; que no son individuos-problemas sino seres que poseen dones especiales, los cuales, cuando son desarrollados, aumentan en ellos la factibilidad de su cura; que no hay que pedirles que dejen de oscilar sino que construyan un eje interior de referencia que les permita ir y venir con proporción.

Toda esta propuesta y los instrumentos contenidos en este libro para llevarla a cabo no son una ilusión ni una utopía. Son caminos transitables, que la experiencia personal y el trabajo codo a codo con pacientes bipolares me han demostrado que brindan un beneficio en el logro de la curación.

Todo consiste en jerarquizar los objetivos. Lo importante, en mi planteo, es la construcción del *eje interior*, el desarrollo de la creatividad y del talento de los matices (que el bipolar posee dormido) y colaborar a que el paciente se cure, no por medio de recursos externos, sino impulsando la fuerza autocurativa que tiene dentro de sí, sus "drogas" endógenas, tanto físicas como psíquicas.

Esta tarea conlleva un cambio significativo de la actitud terapéutica, tanto del paciente como del terapeuta; una actitud centrada no tanto en la medicación como en el despliegue de la creatividad, la expresión, la sensorialidad, el movimiento, la calidad de vida, la ritualización simbólica, los vínculos, y la respiración y la alimentación conscientes.

Éste puede ser un mapa. Tengo claro que el mapa es sólo una guía y no define el espacio que representa. Que cuando nos adentramos en la realidad de la existencia concreta de una persona bipolar los fusibles de nuestros dispositivos terapéuticos pueden hacer cortocircuitos. Y así debe ser, porque en la medida en que personalicemos nuestra tarea y que el drama de la vida de cada quien nos toque en el corazón, no podremos proceder pensando sólo en las técnicas que vamos a emplear, sino, sobre todo, en los brazos que vamos a extender. Los terapeutas no somos salvadores, sino escucha solícita y callada del dolor ajeno.

El paciente bipolar (como muchos otros, e incluso, en ocasiones, el terapeuta mismo) está desencantado del mundo en el que vive, y no nos toca a nosotros tratar de readaptarlo a un universo, objetivamente, tan carente de gracia y embrujo. Sin embargo, vale la pena intentar ayudarlo a disfrutar, aun con rebeldía y altibajos emocionales, de la gracia de estar vivo, porque... *"¡qué hermosa es la vida! ¡Cómo nos despoja todos los días, cómo nos arruina implacablemente, cómo nos enriquece sin cesar!"* (Jaime Sabines).

Por lo tanto, sus excentricidades y rarezas bien pudieran ser intentos neuróticos de reencontrar el misterio y el hechizo de que se lo despojó en la infancia. Y así como el deportista hace *magia* con sus pies o con sus manos, el bipolar intenta hacerla *con los extremos emocionales*. Y no es algo loco, porque las emociones son capaces de transformar el mundo.

Ser bipolar no es un estigma, ni una discapacidad, sino una condición autocreada que se puede transformar, pero no sólo en el ámbito de un consultorio y con la dinámica de un tratamiento. La cura bipolar ocurre en la vida, en cada una y en todas las circunstancias de lo cotidiano, y en todas y cada una de nuestras relaciones. Alcanzar el equilibrio no es una hazaña, pero sí un milagro que acontece a cada instante.

Para que ocurra, hay que participar en la vida intensamente. Después de todo, como nos enseña William Blake en *Proverbios del infierno*: *"El camino del exceso lleva al palacio del saber"*. Y hacia allí hay que conducir al paciente, arrancándolo del lugar donde se detuvo (la desproporción) y donde cree que es el único sitio posible de existir.

Ahora bien, si me permiten una metáfora comparativa, me atrevo a decir que *la bipolaridad es como una mariposa*: podemos verla (y dejarla) aletear libremente, o podemos intentar atraparla para analizarla de cerca, pero *no debemos exigirle quietud* (tal como ruega, en vano, Federico García Lorca en su poema "Mariposa"*: "Mariposa del aire, / ¡quédate ahí, ahí, ahí!"*), porque no sólo no lo lograremos, sino que además, con esa "orden", estaremos deteniendo los bellos y coloridos movimientos de su vuelo, que tanta felicidad —suponemos— le proporcionan.

Por lo tanto...

Bipolar: *"¡Levántate y anda!"*
y que no sea el oscilar el corazón de tu sufrir.

La bipolaridad es un don

La bipolaridad es un don.
Si está dormido, de nada sirve.
La bipolaridad es un talento.
Si está estancado, se transforma en síntoma.
La bipolaridad es una herramienta.
Si no aprendemos a emplearla, puede lastimarnos y lastimar a otros.
La bipolaridad dormida, estancada e ignorada
nos conduce a la infelicidad y a estar ausentes del presente.
La bipolaridad despierta, fluyente y asumida
proporciona la capacidad de ser una persona
autónoma pero solidaria,
flexible pero asertiva,
interesada en todo mas no dispersa,
imaginativa pero realizadora,
sensible pero fuerte,
intuitiva pero no impulsiva,
apasionada pero serena,
capaz de dominar los matices sin ser ambigua,
compasiva y plenamente presente en el presente
y, sobre todo, feliz.

Éste es un buen momento
para despertar,
para fluir,
para saber,
un magnífico momento
para ser feliz,
no a pesar de la bipolaridad
sino gracias a ella.
Un buen momento para agradecer
los regalos que hemos recibido,
los amigos que nos han acompañado,
los recursos que hemos aprendido a ejercitar,
y el haber podido construir un eje interior
que nos permite oscilar con proporción
y también con pasión, placer y alegría.

NOTA FINAL DEL AUTOR

Se dice que todo libro crea a su lector. *He aquí un ejemplo que avala esta afirmación:*

Al terminar su tarea, la correctora de los originales me hizo llegar su personal lectura e interpretación de todo lo escrito (y sugerido) por mí hasta aquí. Me importa incluir sus palabras a modo de invitación *a que hagan lo mismo todos aquellos lectores que deseen plantearme sus inquietudes sobre la bipolaridad y/o su comentario (o recreación) de este libro. (Responderé a uno por uno.) Desde ya, muchas gracias.*

Por mi parte, Eduardo, si me permitís, agregaría dos cosas más a tu Epílogo: reflexionar acerca de lo que confesó, una vez, el inolvidable Marcello Mastroiani *"Yo amo mucho la vida; tal vez por eso la vida me ha amado tanto a mí"*, y tener muy en cuenta, también, algo que señaló Jorge Luis Borges: *"La vida exige una pasión"*.

Todo esto ayuda a curar (y cuidar) el cuerpo, la mente y el espíritu, no sólo de los bipolares —estás convencido—, sino de cualquier persona, de cada uno de nosotros, y de todos *entre* todos. Para ver si así aprendemos —digo humildemente yo— de una buena vez, a *"amarnos los unos a los otros"* y a convivir en paz en la misma casa universal que nos ha sido dada como un *don divino* a todos los seres (animados e inanimados) sin excepción; un regalo que aún no hemos aprendido a agradecer, ni a valorar, ni a proteger, ni a compartir.

Tu libro habla de la trama a descifrar de nuestra biografía, de un juego con sus secretas reglas a develar, de un camino a recorrer no sólo por el paciente bipolar, sino también por su terapeuta y por cada uno de nosotros, si queremos sanar "las heridas de amor". Me permito agregar que también para que, al fin, alguna vez, Eduardo, podamos afirmar —con la misma convicción con que lo sentía el poeta Francisco Urondo—: *"Sin jactancias puedo decir /que la vida es lo mejor que conozco".*

BIBLIOGRAFÍA

ALONSO FERNÁNDEZ, Francisco, *El talento creador*, Madrid, Temas de Hoy, 1996.

BACH, Edward, *Bach por Bach. Obras completas*, Continente, Buenos Aires, 1993.

BAYOD SERAFINI, Carlos, *El arte de sentir*, Barcelona, Índigo, 1998.

CABOULI, José Luis, *La vida antes de nacer*, Buenos Aires, Continente, 2000.

CARVAJAL POSADA, Jorge, *Un arte de curar*, Colombia, Norma, 1995.

COPELAND, Mary Ellen, *Venza la depresión*, Madrid, Robin Book, 1992.

CORDÓN, Pema, *Cuando todo se derrumba*, Madrid, Gaia, 1999.

DAVIS, Ronald, *El don de la dislexia*, Madrid, Edites, 2000.

EY, Henri, *Tratado de psiquiatría*, Madrid, Toray-Masson, 1969.

FENICHEL, Otto, *Tratado psicoanalítico de las neurosis*, Buenos Aires, Paidós, 1963.

GOLD, Mark, *Buenas noticias sobre la depresión*, Buenos Aires, Javier Vergara, 1987.

GRECCO, Eduardo H., *Psicopatología y psiquiatría general*, Buenos Aires, Bonum, 1977.

GRECCO, Eduardo H., *Síndrome distímico*, Buenos Aires, CEA, 1985.

GRECCO, Eduardo H., *Los afectos están para ser sentidos*, Buenos Aires, Continente, 1997.

GRECCO, Eduardo H., *Muertes inesperadas - Manual de autoayuda para los que quedamos vivos* (2da. edición, corregida y aumentada), Buenos Aires, Continente, 2000.

GRECCO, Eduardo H., *La bipolaridad como don - Cómo transformar la inestabilidad emocional en una bendición*, Buenos Aires, Continente, 2003 [Barcelona, Kairós, 2010].

GRECCO, Eduardo H., *La bipolaridad como oportunidad - ¿Quién se ha subido a mi hamaca?* (2da. edición), Buenos Aires, Continente, 2008.

JAMISON, Kay R., *Una mente inquieta. Testimonios sobre afectos y locura*, Barcelona, Tusquets, 1996.

JAMISON, Kay R., *Marcado por el fuego, la enfermedad maníaco-depresiva y el temperamento artístico*, México, Fondo de Cultura Económica, 1993.

KUIPER, P., *Teoría psicoanalítica de las neurosis*, Barcelona, Herder, 1972.

LAWSON, Douglas, *Dar para vivir*, México, Diana, 1993.

LÓPEZ, Ángeles, *Trastorno afectivo bipolar*, Madrid, Edaf, 2003.

MARQUÉS, Ramón, *Tratamiento natural de la depresión*, Barcelona, Índigo, 1990.

MOORE, Thomas, *El reencantamiento de la vida*, Buenos Aires, Sudamericana, 1997.

PEARSALL, Paul, *La salud por el placer*, Madrid, Edaf, 1998.

RETAMAL, Pedro, *Enfermedad bipolar. Guía para el paciente y las familias*, Santiago de Chile, Mediterráneo, 2001.

RETAMAL, Pedro, *Trastornos bipolares (curso clínico y pronóstico)*, Santiago de Chile, Mediterráneo, 2002.

SATZ, Mario, *El eje sereno*, Buenos Aires, Claridad, 1998.

STAHL, Stephen, *Psicofarmacología esencial de la depresión y el trastorno bipolar*, Barcelona, Ariel, 2002.

VIETA PASCUAL, Eduard, *Los trastornos bipolares*, Barcelona, Springer-Verlag, 1997.

VIETA PASCUAL, Eduard, *Abordaje actual de los trastornos bipolares*, Barcelona, Mason, 1999.

VIETA PASCUAL, Eduard, *Novedades en el tratamiento del trastorno bipolar*, Madrid, Panamericana, 2003.

SUMARIO

Si usted desea contactarse con **Eduardo H. Grecco**:
eduardo_grecco@terra.com.mx
www.laredfloral.com